「今どきの若者」のリアル

山田昌弘 編著
Yamada Masahiro

PHP新書

まえがき

若者論は昔から数多い。その多くは、昔の若者はこうだったが、今の若者はこうなっているというスタイルをとっている。時代が変化しているのだから、昔の若者と今の若者の行動様式や意識が変わるのは当たり前なのだが、それでも、つい、「今の若者は――」と否定的な目で見てしまうのが私も含めた中高年世代かもしれない。

それでも、「若者論」に注目する意味があるのは、まず、若者はこれから社会に出て行く、出ようとしている存在だからである。現在の十代、二十代の若者は、否応《いやおう》なしに歳を取り、二〇五〇年には日本社会の中核になる。今の若者が、四十代、五十代になったとき、日本社会はどのようになっているのか、気になるところである。

かつて、一九六〇年代後半、学生運動が盛んだったとき、若者は、反抗の世代と言われた。しかし、その後、反体制だったはずの男性のほとんどが正社員（公務員）となってモーレツ社員と呼ばれるようになり、女性のほとんどが結婚し主婦となって教育ママと呼ばれるようになった。一九六〇年代には、このまま日本社会はこれらの若者によって変革されるのでは、という期待と不安があったが、彼らは結局、高度成長の波に乗って、むしろ戦後体制に順応していった。後で、小熊英二氏に当時の学生運動は「自分探し」だったのでは、と評価されるまでになる（小熊英二著『１９６８』新曜社）。

今の若者は、権威に反抗するものは少なく、政治的にも自民党支持が多く、保守的になったと言われている。だからといって、これからも同じ状態が続くとは限らない。それは、五十年前の革新的な意識をもった若者が結局は戦後体制にのみこまれてしまったのをみればわかる。

彼らは、将来、どのような生活を送ることになるのか、そしてどのように社会を作っていくのか。仕事は、結婚は、子育ては、趣味生活は。そして若者の中からどのようなリーダーが出て、どのように日本を引っ張っていくか、それが今後の日本社会のあり方を決定する。本書をお読みになり、ぜひ、ここに描かれた若者の将来の生活、将来の日本社会を想像してみていただきたい。

本書に収められた論考を読むポイントをいくつかあげてみたい。

一つは、今の若者の置かれている経済基盤は、一昔前（今の中高年世代が若者だった頃をここでは意味する）と比べて激変していることである。萱野稔人《かやのとしひと》氏が描くように、少子高齢化が進展した結果、現在だけでなく将来にわたって若者に大きな経済的負担がのしかかる（第二章）。濱島《はましま》淑恵《よしえ》氏が描くヤングケアラーの出現も、結局は長寿化により、ケアが必要な高齢者が増えていることも背景にある（第八章）。また、奨学金返済のためカラダを売らなければならない若者が男女ともでてきたり（中村淳彦《あつひこ》氏、第十三章）、自殺が減らなかったり（末《すえ》木《き》新《はじめ》氏、第七章）、無敵の人が生まれるのも（阿部《あべ》真大《まさひろ》氏、第六章）、若者の経済状況が悪化し、格差が広がっていることを反映している。若者の職場離れも、企業が若い正社員に対してさえも、長期的な教育投資をする余裕がなくなった結果なのである（古屋《ふるや》星《しょう》斗《と》氏、第九章）。

次に指摘すべきは、情報環境の変化である。三十年前にパソコン通信ができたと思ったら、今はインターネットでテレビ会議ができるようになった。ポケベルをもつ高校生が話題になったのも三十年位前だが、それが携帯となり、ｉモードが出てきたと思ったら、今では小学生でもスマホをもち、ＳＮＳ（ソーシャルメディア）で情報発信できる時代となった。そして、今、チャットＧＰＴなど生成型ＡＩの登場で、教育やホワイトカラーの仕事分野が大きく変わろうとしている。

かつて学生から「先生は若い頃、彼女と待ち合わせするときどうしてたんですか？　携帯もＬＩＮＥ《ライン》もなかったですよね」と質問を受けたことがある。「駅前に黒板の掲示板があってね――」などと話しても今は昔である。当時は、知っている人でもそれなりに努力しなければ、連絡することさえ困難だった。今では、地球の裏側の人とでも瞬時につながることが容易となっている。デジタルネイティブと言われるように、今の若者は、それが小さい頃から当たり前の環境としてあるのだ。

私が取り上げているように、もう恋人を見つけるのに、マッチングアプリを使うことが一般化しているし（第三章）、メディアでのイメージが浸透し、日本人女性と韓国人男性との結婚が促進されている（安宿緑《やすやどみどり》氏、第十二章）。道満綾香《どうまんあやか》氏が分析するように、ドラマ視聴で動画配信サービスの役割は大きくなっており（第十四章）SNS上のコミュニケーションの影響力が大きくなる（谷川嘉浩《たにがわよしひろ》氏、第十五章）。それは消費の分野にも影響してくる（牛窪恵《うしくぼめぐみ》氏、第一章）。さらに、SNSでのコミュニケーションが常態化した結果、日本語自体までも変化しているのだ（ひきたよしあき氏、第十一章）。

若者論を論じる際の注意点にも触れておこう。

現在の若者の生活状況は多様であり、ひとくくりに出来なくなっていることには注意しなくてはならない。もちろん、昔もさまざまな若者がいたにしても、置かれた状況はそれほど変わりはなかった。先ほど、経済基盤が悪化していることを述べたが、それでも、経済的に安定した若者もいる。つまりは、さまざまな意味で若者の格差が拡大したのである。

また、今の若者の特徴と言われているものが、本当にそうともかぎらないということである。若者の読書離れと言われて久しいが、昔から若者は本を読まなかっただけでなく、今の中高年の人もそれほど本を読んでいるわけでもない（飯田一史《いいだいちし》氏、第十章）。

先に述べたように、若者が将来どのような日本を作っていくのだろうか。山口航《わたる》氏がいう、より自由で開かれた社会になるのであろうか（第四章）。Uターンして地方に戻ってきた若者は、新しい地域を作るのだろうか（轡田竜蔵《くつわだりゅうぞう》氏、第十六章）。ただ、忘れてはならないのは、今若者が置かれている状況は、中高年世代が作りだしたものである。金間《かなま》大介氏が強調するように、若者が消極的になっているのも「今の若者の責任ではない」のである（第五章）。若者に何か問題があったとしても、反省すべきは、私を含んだ中高年であることを肝に銘じなければならない。

萱野氏がいう世代間対立にならないためにも、若者の将来にとってどのような社会が望ましいのか、考えていく必要がある。本書がそのヒントとなれば幸いである。

山田昌弘

「今どきの若者」のリアル――目次

第二章
世代間対立に潜む「正義の独善」
萱野稔人

第三章
マッチングアプリと恋愛コスパ主義
山田昌弘

第六章

「無敵の人」を生まないためにできること

阿部真大

第十五章

『古見さんは、コミュ症です。』に見る、イベント化した日常世界

谷川嘉浩

第十六章

地域間格差と若者の希望

轡田竜蔵

第一章

Z世代はなぜ「イミ（意味）消費」に向かうのか？

牛窪　恵

うしくぼ・めぐみ　世代・トレンド評論家。立教大学大学院（MBA）客員教授。経営管理学修士。大手出版社に勤務したのち、二〇〇一年四月にマーケティング会社インフィニティを設立、同社代表取締役。著書を通じて世に広めた「おひとりさま」（二〇〇五年）、「草食系（男子）」（二〇〇九年）は新語・流行語大賞に最終ノミネートされる。近著に『恋愛しない若者たち』（ディスカヴァー携書）、『若者たちのニューノーマル』（日経プレミアシリーズ）、『恋愛結婚の終焉』（光文社新書）などがある。テレビのコメンテーターとしても活躍中。

「ビールって、飲んでナンになるんスか？」

私は二〇〇一年にマーケティング会社を興し、企業各社や三〇〇人ほどの女性スタッフと共に長年、消費者に向けたインタビュー調査や行動観察調査を続けてきました。「おひとりさま」や「草食系男子」といった語を世に広めた人物、として紹介されることも多いのですが、時代を映すキーワードの数々は、企業各社と行なう商品やサービス開発を通じて得られたものが大半を占めます。……たとえば、次のような具合です。

「ビールって、飲んでナンになるんスか？」

この言葉は、二〇〇六〜〇八年、大手ビールメーカーから、当時二十代前半〜半ばの若者たち（現三十代後半）一〇〇人にインタビューを行なってほしい、と依頼された際に、何度も耳にしました。のちに私が、「攻めより守り」の草食系動物の印象から「草食系世代（弊社定義で一九八二〜八七年生まれ／現三十六〜四十一歳）」と命名したのが彼らでした。

私は青春時代にバブル景気を体感した世代（現五十代）で、当時は彼らの感覚がピンときませんでした。ですがインタビューを重ねるうち、わかってきたことがあります。

それは彼らが、行動より前に「リスク」を考えていたこと。二〇〇四年、小泉（純一郎）政権の関係者が発した「自己責任」という言葉も、当時の若者に重くのしかかっていました。

多くはこう感じていました。「これからは国も会社も、自分を守ってくれない」。だからこそ、動くより前に結果を考えて、慎重にリスクヘッジしなければならない……。

「ビールって飲んでナンになる」も、よくよく聞いてみると、「飲み過ぎて正気を失ったら、周りに迷惑をかける」や、「二日酔いになって翌日、仕事でミスを犯したら、周りに『使え

図1「●●世代」とは

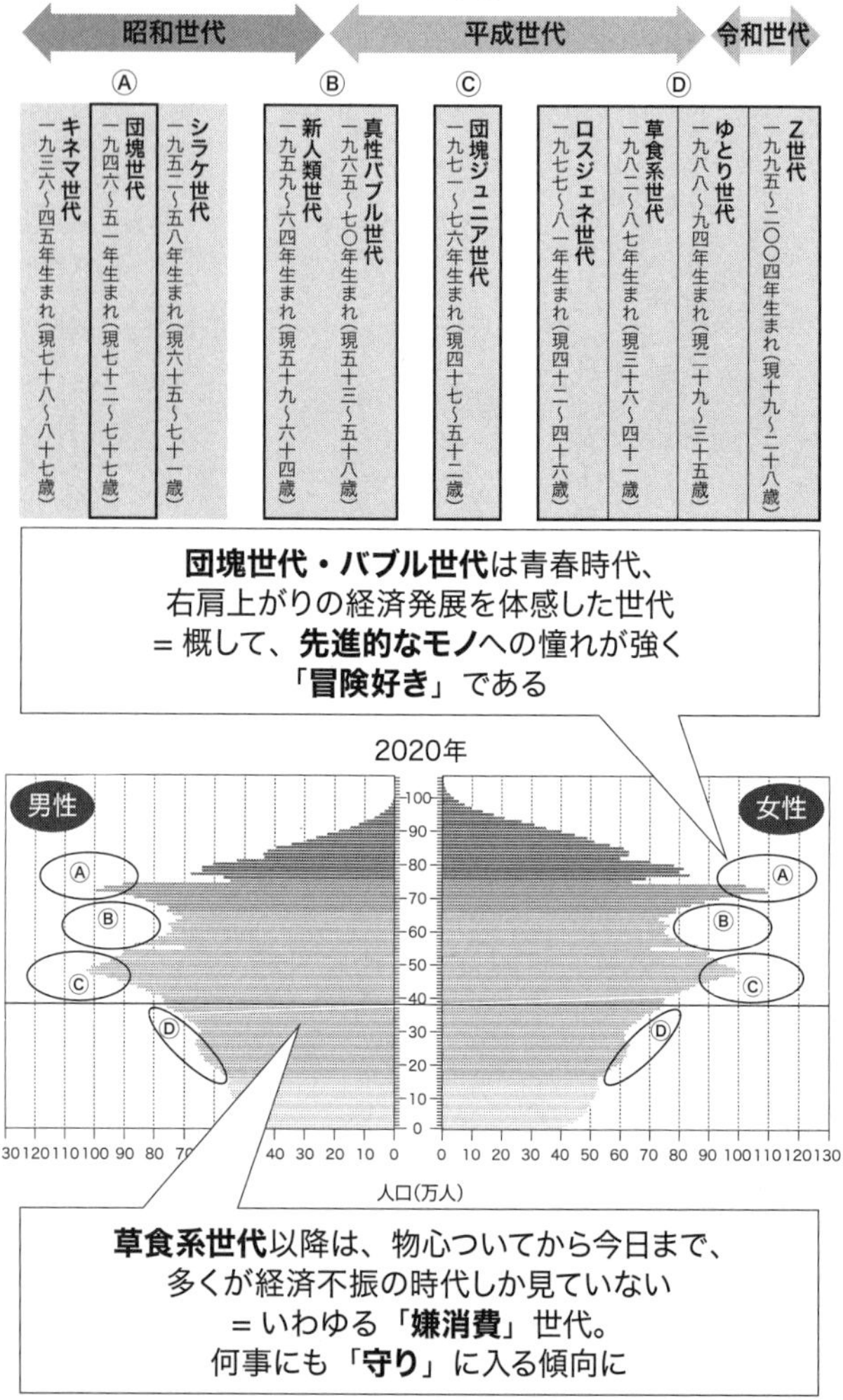
昭和世代
平成世代
令和世代
Ⓐ
Ⓑ
Ⓒ
Ⓓ
Z世代 一九九五～二〇〇四年生まれ（現十九～二十八歳）
ゆとり世代 一九八八～九四年生まれ（現二十九～三十五歳）
草食系世代 一九八二～八七年生まれ（現三十六～四十一歳）
ロスジェネ世代 一九七七～八一年生まれ（現四十二～四十六歳）
団塊ジュニア世代 一九七一～七六年生まれ（現四十七～五十二歳）
真性バブル世代 一九六五～七〇年生まれ（現五十三～五十八歳）
新人類世代 一九五九～六四年生まれ（現五十九～六十四歳）
シラケ世代 一九五二～五八年生まれ（現六十五～七十一歳）
団塊世代 一九四六～五一年生まれ（現七十二～七十七歳）
キネマ世代 一九三六～四五年生まれ（現七十八～八十七歳）
団塊世代・バブル世代は青春時代、
右肩上がりの経済発展を体感した世代
＝概して、**先進的なモノ**への憧れが強く
「**冒険好き**」である
2020年
男性
女性
100 90 80 70 60 50 40 30 20 10 0
130 120 110 100 90 80 70 40 30 20 10 0
0 10 20 30 40 50 60 70 80 90 100 110 120 130
人口（万人）
草食系世代以降は、物心ついてから今日まで、
多くが経済不振の時代しか見ていない
＝いわゆる「**嫌消費**」世代。
何事にも「**守り**」に入る傾向に

出所：国立社会保障・人口問題研究所のデータを基に筆者作成

ない奴』と思われる」など、飲むより前からリスクを想定していたのです。

消費傾向は「快感」「達成」から「没頭」「関係」「意味」へ

消費（consumption）の概念には、元来、購買前の「製造」や、その後の「使用」「交換」「廃棄」などが含まれます。ですが、一九九〇年代までの消費者は、自分が「買う前」や「捨てた先」に何が待つかといったことまでは、さほど考えなかったはずです。

二〇〇〇年代、アメリカの心理学者マーティン・セリグマン（Martin E. P. Seligman）氏は、ウェルビーイング（主観的幸福感）を量る指標として「PERMAモデル」を提唱しました。(※1) これに基づけば、日本でバブル期まで重視されていた幸福の要素は、おもに「P（Positive Emotion／快感）」や「A（Achievement／達成感）」にあったのではないかと考えられます。すなわち、「あのクルマに乗りたい」「あの家に住みたい」などと憧れ、その欲求が達成されると「やった！」と快楽を覚えるようなイメージです。

ところが一九九〇年代後半以降、安価で良質なモノが多く登場し（＝デフレ化）、生活の場にインターネットが浸透すると、消費者は自宅にいながら、いつでもパソコン上のボタンを押すだけで買い物ができるようになりました。またその後、「ショッピングセンター（SC）」

と呼ばれる商業施設も急増。一九八九年に約一四〇〇施設だったSCは、二〇二二年に約三一〇〇施設にのぼり、二倍以上に増えたのです（経済産業省／日本ショッピングセンター協会調べ）。

バブル経済が崩壊し、あらゆるモノが身の回りに溢れ、さらに二〇一一年三月、東日本大震災が襲ったことで、草食系世代（当時三十歳前後）以降の若者らは、「モノより思い出」の意識を強くした印象があります。また、二〇一五年頃からは「コト消費」が顕在化すると共に、物欲よりスマートフォン（スマホ）やSNSを介した「コミュ欲（コミュニケーション欲求）」が高まりました。こうしたなかで若者たちは、かつての達成や快楽より、「PERMAモデル」の「E（Engagement）」や「R（Relationship）」、「M（Meaning）」、すなわち「没頭」や「人間関係（つながり）」、そして「イミ（意味合い）」を重視するようになったのです。

「周りにどう見られるか」を意識して旅行先を決める

たとえば、Rの「人間関係」では、背伸びして「高級レストランに行ったよ」と自慢するより、等身大の「ガリガリ君（赤城乳業）」のコーンポタージュ味のアイスを買って、「食べてみた」とSNSに投稿し、「マジ？」「どんな味？」と皆でツッコミ合って、友人とのつな

図2「草食系」「ゆとり」「Z」世代の違い

世代名／項目	草食系世代	ゆとり世代	Z世代
生誕	1982～87年生まれ（現36～41歳）	1988～94年生まれ（現29～35歳）	1995～2004年生まれ（現19～28歳）
メディアとの関わり	ガラケー・絵文字&ネットコミュニティ（ミクシィ他）	スマホ・画像&デジタルネイティブ	動画・VR&SNSネイティブ
居住傾向	地元志向	地方・田舎への憧れ	デュアル（二拠点）志向
消費特性	節約志向	コスパ志向	タイパ&イミ志向（含・廃棄／リノベ）
自己投資意欲	弱	中	強
価値観	失敗したくない	無駄なことはしたくない	失敗に備えてリスクヘッジ（二刀流）
社会観	エコ・周囲に迷惑をかけない	社会貢献・社会に役立つことをする	サステナビリティ・社会を永続的なものにする
親との関係	友達母娘（母息子）	親ラブ族（含・父親）	ファミラブ族（含・祖父母）

出所：筆者作成

がりを楽しむなど。また、二〇一八年実施の調査では、旅先や店を選ぶ際に、SNS上でどう見られるか、すなわち「インスタ映え」を意識する若者が、二十代以下（おもにZ世代）で七割超にのぼっていました（『タビモニリサーチ』DACホールディングス調べ）。

ちなみに、「デジタルネイティブ」と言われるのは、「Z世代（弊社定義で、一九九五年～二〇〇四年生まれ／現十九～二十八歳）」より一つ上の、「ゆとり世代（八八～九四年生まれ／現二十九～三十五歳）」からですが、ゆとり世代が最初に手にした携帯電話は、おもにスマートフォン（スマホ）ではなく「ガラケー」でした。対するZ世代は、早い人で四歳頃から「iPhone」（アップル）をいじっており、幼児期〜小中学生時代に、既にTwitter（現X）やInstagramなどSNSに接し、YouTube上の動画を見て育ってきました。

ゆえに、Z世代は「SNS（動画）ネイティブ」と形容されます。

彼らにとっては、スマホやSNSを通じて「ネタ」にできたり、「自分はこれがいいと思う」と堂々と胸を張って人に薦《すす》められたりすることが重要です。二一年の流行語に「推し活」が選ばれたのも、若者を中心にSNS上で「推し」を共有する第三者とつながる行為が盛り上がりを見せたためでしょう。

また後述しますが、Z世代がSNSや動画上で、なにかを共有・共感し合ううえでは、彼らの「SDGs（Sustainable Development Goals：持続可能な開発目標）」に対するこだわりも、大きく関与すると言われています。先のM、すなわち「意味合い」に当たる概念です。

リアルタイムでスポーツ中継を視聴する若者も減っている

二〇二二年、「タイパ（タイム・パフォーマンス／時間対効果）」が流行語になりましたが、これもZ世代が、SNSや動画を駆使して、スピーディに情報収集する傾向から生まれたとされる言葉です。二〇二一年には「ググるよりタグる」との言葉もはやりましたが、〝タグる〟最大の理由は、「キーワードのハッシュタグ（#）を基に検索したほうが、求める情報に素早く辿り着けるから」。逆に、検索サイト（グーグルほか）で一から調べることを、彼らは「オジサンたちの（に向けた）要らない情報が出てきて、うざい」「時間がかかる」と嫌がる傾向にあります。

また、時間の浪費とともに、ストレスや不確実性を嫌うのも、Z世代の特徴です。

二〇二三年、私がフリーマーケット（フリマ）アプリ大手のメルカリや同総合研究所と共に、Z世代らに調査したところ(※2)、彼らの六割以上（六一・四%）が「想定外のサプライズはできるだけ避けたい」と答え、五割以上（五一・三%）が「デリバリー（を注文の際）は配達状況を見て、いつ到着するかを確認する」と答えました。「いきなり玄関のチャイムが鳴るとビックリする」「財布を準備しておかないと、時間の無駄になる」と言うのです。

近年は、リアルタイムでスポーツ中継を視聴する若者も減っています。二〇二二年実施の調査でも、二十代の半数以上（五四%）が、この一、二年間、テレビや動画中継も含め、スポーツ観戦をしていませんでした（クロス・マーケティング調べ）。インタビュー調査で「なぜ？」と聞くと、「応援しているチームが勝つ場面しか見たくない」や、「勝つか負けるかわからず、長い時間ハラハラするのがストレス」といった声が多く聞こえてきます。

その分、「Togetter」「NAVERまとめ」といったキュレーション（まとめ）サイトをはじめ、「flier」（フライヤー）など一冊の書籍を十分間で読める要約サービスや、カラオケボックスでサビの部分だけを歌う「サビカラ」（JOYSOUND）など、短時間でかつ〝余分なストレスを与えない〟コンテンツが、Z世代を中心に人気を集めています。

また、一般に広告予算が少ないとされる中小企業も、時短で見られるショート動画を活用することで彼らに注目されるケースがあります。新潟県の佐渡島でキムチを製造する「キムチの家」が、ダイナミックな包丁さばきで白菜を切り、華麗にキムチを作り上げていく動画を「TikTok」に投稿したところ、Z世代を中心に「エグい！」などと〝バズり（SNS上で注目され）〟、再生回数はたちまち三〇〇万回超に。投稿から二ヶ月で、全国から通販に注文が殺到し、投稿前の四〇倍以上とも言われる売上を記録しました。[※3]

「誰かの役に立ちたい」という思いが強い

アメリカで全人口の二割以上を占めるZ世代ですが、日本では人口の一割程度（約一三％）

に留まるなど、数のうえでは少数派です（総務省「国勢調査」ほか）。それでも企業が彼らに注目する理由は、少なくとも三つあるのではないかと考えています。

一つ目が、彼らが時代の先端を行き、トレンドに敏感であること、二つ目が、「ＳＤＧｓ」との親和性、そして三つ目が、ＳＮＳを通じた拡散力（口コミ力）や「人とのつながり」で消費するという、令和型消費の担い手である点です。

まずＳＤＧｓとの関わりですが、近年、Ｚ世代は私たちのインタビュー調査で「誰かの役に立ちたい」とよく口にするようになりました。この傾向は定量調査からも明らかで、あるシンクタンクが「クラウドファンディング」について広く聞いた調査でも、「それまでに支援経験がある」との回答は二十、三十代で顕著《けんちょ》に多く、認知度が最も高かった（五〇・二％）のも、二十代の若者でした（二〇二〇年　三菱ＵＦＪリサーチ＆コンサルティング調べ）。

実は、Ｚ世代を含むゆとり世代以降の若者は、学校教育で「エコロジー教育」や「ボランティア教育」などを受けて育ってきた世代です。二〇二三年に博報堂が実施した調査でも、ＳＤＧｓについて「内容までよく知っている」と答えた人は、年代が若いほど多く、五十代以上では平均六％程度に留まるのに対し、Ｚ世代中心の二十代では約一四％、さらに下の十六～十九歳では約三割にも達していました。

彼らは、地球温暖化や廃プラスチックなどの環境問題だけでなく、「ジェンダー平等」や「格差解消」「世界の人々に健康を」などにも関心が高い世代です。これらの概念を取り入れ、Z世代に支持されたと言われる代表例が、二〇一九年、サントリー食品インターナショナルの賛同を得て始まった「delete（デリート）C」キャンペーンや、二〇二〇年、老舗《しにせ》刃物メーカーの貝印《かいじるし》が展開した「#剃《そ》るに自由を」のコミュニケーションでしょう。

前者の「delete（デリート）C」キャンペーンは、消費者が「C.C.Lemon（レモン）」をはじめ、対象商品を購入したうえでCancer（がん）の頭文字である「C」の文字を消し、SNS上に「#」をつけて投稿すると、その呟《つぶや》きやリツイートなどの数に応じた金額が、がんの治療研究団体に寄付される仕組みです。「自分も役に立てれば」とするZ世代らを中心に話題を呼び、二〇二三年現在、大和ハウスグループの「大和リース」やコクヨほか多くの企業体が協賛する、一大キャンペーンに成長しました。

他方で後者の「剃るに自由を」は、性別を特定しないバーチャルヒューマン「MEME《メメ》」を起用し、「男性も女性も、（体毛を）剃るか剃らないかは自分で決めよう」とのニュアンスを呼びかけたものです。ジェンダーが特定されないMEMEを起用したのは、「男（女）らしく」からの解放、すなわちジェンダーフリーを含めて、同社が若者に呼びかけたかったたからとのこと。SNS上で共感を呼び、「#剃るに自由を」のハッシュタグ付きで呟かれ、従来二割台に留まっていたZ世代（調査対象＝十九～二十四歳）の同社認知度は、七ポイントも上昇したそうです。（※4）

高級品を買うことも

既述の通り、Z世代は何かを買う前から、購入前後の「製造」や「廃棄」「交換」などにも思いを巡らし、「これを買うイミ（意味）があるか否か」を考える世代です。

多くは、製造段階で公正な取引（フェアトレード）が行なわれているか、捨てる段階で環境に配慮しているか、などもチェックします。また、彼らは捨てることに罪悪感を抱くだけに、最初から「サブスクリプション（定期購入モデル）」サービスを利用したり、一定程度長持ちする著名なブランド品を買ったりして、飽《あ》きたらフリマアプリを通じて第三者に売る、あるいは親や知人と「シェア」する、といった傾向が顕著です。

だからこそ、モノを買う時点で、「友だち」あるいは「親」に相談すると答えるZ世代が、それぞれ三、四割超にものぼるのでしょう（次のページ図3、ネオマーケティング調べ）。近年、ファッションや雑貨などの分野で、平成初期のブームがZ世代に再来していますが（「平

図3　商品購入時の相談相手（複数選択）

あてはまるもの Z世代　男性		あてはまるもの Z世代　女性
24.5%	友達に相談する	32.0%
11.4%	恋人・パートナーに相談する	19.6%
24.9%	親に相談する	44.4%
5.7%	会社の上司・同僚に相談する	4.4%
5.7%	親戚に相談する	4.8%
11.4%	SNS 等で不特定多数に相談する	8.0%
7.8%	SNS のアンケート機能を使い相談する	5.2%
8.6%	店員に相談する	10.8%
0.0%	その他	0.0%
50.2%	相談することはない	33.2%

出所：2021年ネオマーケティング「Z世代・ミレニアル世代のリアル」を基に筆者作成
※同調査ではZ世代を7～26歳（2022年現在）と定義

成レトロ」ブーム）、その一因も「親世代との対話にあったのでは」とも言われます。

　また、Z世代は「高級品を買わない世代」だと思われていますが、そうとも限りません。

　ニューヨーク生まれのファッションブランド「COACH」は二〇二三年、Z世代を多分に意識し、同世代のデザイナーたちと開発したサブブランド「Coachtopia（コーチトピア）」のポップアップストアを東京・原宿に開業しました。環境に配慮し、高級レザーの切れ端などの余った素材をバッグやウエアなどに再利用する新ブランドで、価格はリサイクルコットンで作られたパーカーが三万円台であるなど、必ずしも安くはありません。

　ですが、私たちのインタビューでも、Z世

代は言います。「ＳＤＧｓに配慮したモノを身に着けると、堂々と胸を張れる」や「これなら友人や家族にも薦められる」と。また、ＳＮＳ上で社会性の高いブランド情報を発信したり、多様な価値観の人々とつながったりすると「皆でハッピーになれる」や「（社会に）良いことをした気分になれる」とも言います。

近年、マーケティングで重要なキーワードとされる「共創（Co-Creation）」も、これと似たニュアンスです。多様な立場の人たちとＳＮＳなどを通じて対話しながら、社会をより良い方向へと導くような概念を、共に創りあげていく……。令和の若者たちは「これからは、国も会社も守ってくれない」と考えるからこそ、みずから周りと緩くつながることで、いま新たな価値や消費社会を切り拓こうとしているのではないでしょうか。

※1＝Martin E. P. Seligman『Authentic Happiness: Using the New Positive Psychology to Realize Your Potential for Lasting Fulfillment』［2004］
※2＝二〇二三年、メルカリ総合研究所「Z世代の行動特性や価値観とクレジットカード利用に関する調査」
※3＝朝日新聞デジタル「TikTok クリエイティビティの源」［二〇二二年十一月十四日掲載］ほか
※4＝プレジデントオンライン・筆者執筆「『7割超の若者が貝印を知らない…』転職してきたマーケターの調査結果に、老舗メーカーが受けた衝撃」［二〇二二年十二月八日掲載］

第二章

世代間対立に潜む「正義の独善」

萱野稔人

かやの・としひと　津田塾大学総合政策学部教授。一九七〇年、愛知県生まれ。パリ第十大学大学院哲学研究科博士課程修了。博士（哲学）。二〇一七年より現職。専門は政治哲学、社会理論。著書に『国家とはなにか』（ちくま学芸文庫）、『ナショナリズムは悪なのか』『名著ではじめる哲学入門』（いずれもＮＨＫ出版新書）など多数。近著に『人間とは何か？』（編著、サイゾー）がある。

いつでもどこでも生じうる世代間対立

世代間対立そのものは、どの国においても、またどの時代においても生じうるものだ。

たとえば一九六〇年代には「若者の反乱」と呼ばれる現象が、日本やアメリカ、フランスなどの先進諸国で連鎖的に起こった。

このとき若者たちはベトナム戦争に反対する運動を通じて既存の政治体制に「否」を突き

つけた。急進的な若者たちはそれにとどまらず、アメリカの覇権主義や、さらには資本主義そのものをも打倒しようと反体制活動を繰り広げた。

政治の領域だけではない。この時代には文化の領域においても「若者の反乱」が広がった。ヒッピー・ムーブメントはその典型だ。そのなかで若者たちはロックなどの音楽や新しいライフスタイルを通じて旧来の価値観に対抗しようとした。

社会のあり方が大きく変わるとき、世代間対立が生じることは避けがたい。若い世代は変化する社会のもとで生まれ育ち、そこで芽生えた新しい価値観を敏感に吸収する。そんな若者たちにとって既存の価値観や社会のしくみは窮屈で理不尽なものに感じられるだろう。既存の価値観に従わなかったり、社会のしくみを壊そうとしたりする若者がでてきてもおかしくない。

これに対して、旧来の価値観を身につけた年長世代のなかには若者たちの行動を苦々しく感じる人もでてくるだろう。場合によっては若者たちに説教したり、苦言を呈《てい》したり、さらには彼らの行動を積極的に抑え込もうとする人もいるかもしれない。

その両者の動きが激しくなればなるほど、世代間対立もまた激しくなる。

一九六〇年代の「若者の反乱」は、第二次世界大戦後におけるそうした社会の大きな変化を象徴するような現象だった。

もちろん、世代間対立が生じるのは社会のあり方が大きく変わるときだけではない。社会の大きな変化がなくても世代間対立はつねに生じうる。

たとえば古代ギリシアの哲学者、プラトンは『国家』(第八巻)のなかで、年長者の助言に耳を貸さない若者について言及している。

プラトンによればそうした若者は、統制のないことを「自由」だと勘違いし、「度量の大きさ」を示すために浪費に走り、たんなる恥知らずから生まれたにすぎない大胆さを「勇敢」だと思い込んで、年長者の良識に対立する。

プラトンは言う、「人は若いときに、必要な欲望のなかで育てられた人間から違った人間へと変化して、不必要にして無益な快楽を自由に解放して行くのではないだろうか?」と(藤沢令夫《のりお》訳『国家(下)』岩波文庫版)。

プラトンがここで述べているのは、要するに私たちが「若気の至り」などと呼んでいるもののことだ。私たちは若いとき、しばしば血気にまかせて無分別な行ないをしてしまうことがある。それが社会の常識や大人の意見との摩擦《まさつ》を生じさせ、その摩擦が若者たちを世間の常識や大人への反発に向かわせる。まさに世代間対立だ。

プラトンの議論はそうした「若気の至り」をいさめるような内容となっており、人によっては多少の説教くささを感じてしまう側面もなくはない。ただ、それでもやはり興味深いのは、現代から二千年以上もまえに、すでに世代間対立と呼べるような現象が哲学の世界でも言及されていたということである。

それだけ世代間対立はどこにでも生じうる普遍的な現象だということだ。「最近の若者はなっとらん」と若者を批判したくなる人は昔からどこにでもいるのである。

年金制度からみえる世代間対立

とはいえ、ここからが本題なのだが、現代の日本で生じている世代間対立はそうした一般的な世代間対立とは異なる位相をもっている。

なぜなら、現代の日本で生じている世代間対立とは、構造的な要因にもとづいた世代間の具体的な利害対立であるからだ。

言い換えるなら、この社会がいま直面している世代間対立は、古い価値観と新しい価値観の対立によって生じているというよりは（もちろんそういった側面もないわけではないだろうが、より根本的には）一方が得をすれば他方が損をするという現実的な利害衝突によって生じている。

どういうことだろうか。

例として年金をとりあげよう。

日本の年金は賦課《ふか》方式で運営されている。賦課方式とは、現役世代が毎月支払っている年金保険料でいまの高齢者の年金をまかなうというやり方のことだ。現役世代がおさめる年金保険料がそのままいまの高齢者に支給される年金として使われるため、イメージとしては現役世代から高齢者への仕送りに近い。

私たちの多くは年金について、自分が現役時代におさめてきた年金保険料を高齢になってから受け取るものだと考えている。政府（年金機構）を通じて年金を積み立てる、というイメージだ。こうしたやり方を積立方式という。

しかし実際には日本の年金は積立方式では運営されていない。積立方式はあくまでもイメージ上のものにすぎないのだ。現役世代が支払っている年金保険料は積み立てられることなく、ただちにいまの高齢者への年金支給のために使われていく。

そのため、高齢者の人口が増えていけば、その高齢者に支給しなくてはならない年金の総額も増えていくので、現役世代はより多くの年金保険料を負担しなくてはならなくなる。現役世代の人口が減っていけば、その傾向はなおさら強まるだろう。

事実、現在の日本では長期にわたる少子高齢化の影響によって高齢者の人口が増えつづけている一方で、現役世代の人口は減少しつづけている。これでは年金制度を維持するための現役世代の負担は重くなるばかりだ。ますます少なくなる現役世代でますます多くなる高齢者の生活を支えなくてはならないからである。

これは要するに、世代が若くなればなるほど年金保険料の負担が重くなっていくということにほかならない。

具体的な金額でみてみよう。

現在の日本ではたとえ学生であっても二十歳になれば国民年金に加入して国民年金保険料を毎月支払わなくてはならない。その金額はひと月で一万六五二〇円だ（二〇二三年八月時点）。

これに対し、現在七十五歳（一九四八年生まれ）の高齢者が二十歳だったときに支払わなくてはならなかった国民年金保険料はひと月二〇〇円だった。「えっ、それだけ!?」と思う人もいるかもしれない。さらに当時は学生であれば国民年金保険料を払わなくてもよかった。

もちろん当時と現在では物価が違うので両者を単純に比較することはできない。とはいえその差はあまりに大きい。なにしろ八〇倍もの差があるのだ。当時は高齢者の数も多くなく、現役世代の人口は増えつづけていたので、高齢者の生活を支えるための現役世代の負担はとても軽かったのである。

ちなみに、学生であっても二十歳になれば国民年金保険料を払わなくてはならなくなったのは一九九一年四月からのことで、そのときの金額はひと月九〇〇〇円だった。その後、日本はデフレとなり三十年ほどほとんど物価は上がらなかったにもかかわらず、高齢者の増加にともなって国民年金保険料は着実に値上がりしてきたのである。

世代が若くなればなるほど高齢者の生活を支えるための負担が重くなっていることがよくわかるだろう。

現役世代から高齢世代への莫大な所得移転

さらに言えば、高齢者に支給される年金には政府の一般会計のお金も使われている。「国庫負担」と呼ばれるものだ。なぜ年金保険料だけでなく一般会計のお金も使われているのかというと、現役世代が支払う年金保険料だけでは年金支給に十分なお金をまかなえないからである。

ここで注意したいのは、政府の一般会計の財源を負担しているのはおもに現役世代と将来世代であるということだ。

一般会計予算の大部分は、所得税や法人税、消費税といった税収や、公債（国債）によってまかなわれている。

このうち、たしかに消費税については現役世代にも高齢者にも同じ税率が適用されているので両者のあいだの負担は等しいと言えるだろう。

しかし、所得税では累進課税が採用されている。つまり、所得が多くなるほど高い税率の税金をおさめなければならない。そのため全体でみたとき、仕事をしていて所得が多い現役世代が高齢者よりも圧倒的に多くの所得税を負担している。

法人税についてはこんな疑問をもつ人もいるかもしれない。すなわち、法人税は企業などの法人が負担しているものなので世代の問題はあまり関係ないのではないか、と。

しかし、企業などの法人の利益を産み出しているのはそこで働いている人たちだ。そこにはもちろん高齢者もいるが、やはり大部分は現役世代によって占められている。つまり、世代別でみた場合、法人税についてもその大部分を負担しているのは現役世代なのである。

公債については、それを負担するのは将来世代であるということは明白だろう。

公債のおもな目的は、歳入の不足をおぎなうために政府が国債を発行してお金を調達することだ。その調達したお金を政府は将来のどこかの時点で返済しなくてはならない。その返済の財源となるのは、その将来の時点でおさめられる国民の税金だ。つまり、現在足りないお金を将来世代に肩代わりしてもらうというのが公債の中身なのである。

このため、政府の一般会計の歳入において公債の額が増えれば増えるほど、将来世代の負担は重くなっていかざるをえない。

このように、政府の一般会計の財源はおもに現役世代や将来世代によって担われている。そしてそこから年金のための財源が捻出《ねんしゅつ》されているということは、年金保険料に加えて税を通じても現役世代は高齢者の年金の原資を負担しているということである。

年金制度はたしかに高齢者の生活を支えるために必要な制度ではある。

しかしそれは現役世代から高齢者への莫大な所得移転によってはじめて可能となっている。

現在の日本では高齢者の人口が増えつづけている一方で、現役世代の人口は減りつづけている。そうした状況のなかで現役世代（そして将来世代）の負担はますます重くなっていくかざるをえないのだ。

世代間のリアルな利害対立

こうした現状から世代間対立に関してどのようなことが言えるだろうか。

まず言えるのは、いまの日本では現役世代と高齢者のあいだの世代間対立がますます深刻かつ重要となっているということだ。

これまで世代間対立というと、現役世代の内部における若者と年長者のあいだの対立が論じられることが多かった。両者は職場などで接する機会も多く、そのため価値観や行動規範がぶつかることも少なくないからである。

しかし、いまの日本ではそうした現役世代の内部における世代間対立よりも、現役世代と高齢者のあいだの世代間対立のほうが深刻かつ重要になっている。なぜならそこには価値観や行動規範のレベルをこえた具体的な利害の対立があるからだ。

その利害対立は、一方が経済的に得をすれば他方が損をするというリアルかつシビアなものである。高齢者への年金支給を手厚くしようとすれば、現役世代の保険料負担が重くならざるをえないし、現役世代の負担を少しでも軽くしようとすれば、高齢者への年金支給を減らざるをえない。

こうした厳しい利害対立にもとづいている以上、現役世代と高齢者の世代間対立を解決することは難しい。

たしかに、この対立についてはその場しのぎの弥縫策《びほうさく》として、現役世代の負担を抑えつつ、高齢者への年金支給を多少手厚くすることはできなくはないだろう。

ただしその場合は、高齢者への年金支給のための財源が足りなくなるので、政府は公債を発行して資金を調達するしかない。それは結局のところ将来世代にツケを回すことにしかならないため、いまいる現役世代と高齢者の対立を緩和することはできても、将来世代と高齢者との潜在的な利害対立をより深刻にしてしまう。

それは、現存する世代間対立のツケを、まだ選挙権もなく発言力もない将来世代に押し付けるという点で、きわめて不正義な行動だ。

また、この世代間対立についてはしばしば「現役世代もいずれ高齢者になるのだから、いまは多少の負担の重さは我慢すべきだ」などと言われることがある。たしかに現実的には現役世代はそのように考えていまの年金の財源を負担するしかないのかもしれない。

しかしそれによって世代間対立そのものが解決されると考えることはできない。

というのも、どちらかが我慢をしなければならないということは、それ自体、問題が解決されていないことの証《あかし》だからだ。

それに、いまの現役世代が我慢をして年金保険料を負担して、高齢者になったときにその時代の現役世代から年金を支えてもらうにしても、今度はその高齢者と現役世代のあいだで利害対立は残りつづける。世代間対立の問題そのものは結局まったく解決されないのである。

問題の根底にある世代間格差

この世代間対立には、さらに対立の根を深くしている問題がある。それは世代間の不平等（格差）という問題だ。

どういうことだろうか。ふたたび年金を例にしよう。

すでに確認したように、現在七十五歳の高齢者が二十歳だったときに支払わなくてはならなかった国民年金保険料はひと月二〇〇円だった。その後、この国民年金保険料は高齢者の増加とともに年々上昇して、現在はひと月一万六五二〇円になっている。

これは要するに、現在の高齢者は少ない保険料しか払ってこずにいまの年金を受け取っているということだ。

これに対して、いまの現役世代は若くなればなるほど多額の保険料を払って年金を受け取ることになる。いまの若い世代が将来どれくらいの年金を受け取ることができるのかは物価の変動もあるため正確にはわからないが、それでも年金財政をとりまく厳しい状況を考えるなら現在よりも手厚い年金を受け取ることは難しいだろう。

つまり、より年齢が若い世代ほど、同じ水準の年金を受け取るために多くの保険料を負担しなくてはならないのである。逆に言えば、高齢であればあるほど少ない保険料の支払いしかしていないのに、若い世代ではもう望めないかもしれない水準の年金を受け取っていることになる。

注意しておきたいのは、同じことは年金だけでなく、健康保険（医療費）など他の社会保障にも当てはまるということだ。

たとえば国が運営してきた健康保険（政府管掌《かんしょう》健康保険、現在は全国健康保険協会に引き継がれている）における健康保険料率の推移をみると、現在七十五歳の高齢者が二十歳だった一九六八年では七・〇〇パーセントだった。これに対して現在は一〇・〇〇パーセントである。

つまり、医療を受ける機会が多くなる高齢者の数が増えるにつれて健康保険料率も上がってきているのである。高齢の世代ほど低い率の健康保険料しか払ってきておらず、若い世代ほど高い率の健康保険料を支払わなくてはならなくなっている、ということだ。

このように、年金にせよ他の社会保障にせよ、世代間の格差（不平等）が世代間対立の根底には存在するのである。

ちなみに、こうした世代間の格差については、すでに多くの経済学者によって具体的な試算がなされている。

たとえば鈴木亘《わたる》著『社会保障亡国論』（講談社現代新書）によれば、一九四〇年生まれの人は、生涯にわたって受け取ることのできる社会保障の総額から、そのために支払ってきた保険料等を差し引くと、五〇〇〇万円近いプラスになるという。これに対して二〇一〇年生まれの人は三五〇〇万円以上のマイナスになる。

世代が異なるというだけで、社会保障を通じて八〇〇〇万円以上の損得の差が生まれてしまうのである。この試算が妥当なら、看過できない不平等だ。

経済学者だけではない。じつは日本政府も同じような試算をだしている。たとえば二〇一二年に内閣府は世代間格差についての推計を発表している。

この推計は、一生を通じて受け取ることのできる社会保障の総額から、そのために支払わなければならない保険料などの負担分の総額を差し引いた金額が、生涯収入のどれくらいの割合になるかを試算したものだ。

それによると、一九五〇年生まれの人は生涯収入の一パーセント分のプラスになる（つまり得をする）が、一九五五年以降に生まれた人からマイナスになっていき、世代が下がるにつれてそのマイナス分は大きくなり、二〇一五年生まれの人はなんと一三・二パーセントもマイナスになる。

社会保障の受益をめぐる世代間の不平等は政府でさえも認めざるをえないものなのだ。

こうした不平等が根本にある以上、現役世代と高齢者の世代間対立を解決するためには、得をしている高齢者の受益を減らして、現役世代と将来世代の負担を少しでも軽くしていくしかない。

しかし、高齢者の社会保障の受益を減らすことは現実的にはきわめて難しい。

なぜなら、そんなことをすれば政権与党は選挙で一気に逆風にさらされることになるからだ。高齢者は人口も多いし、投票率も高い。その高齢者の支持を選挙で得られなくてもいいと達観しないかぎり、高齢者の不利益につながるような政策を政権が打ち出すことは困難だろう。

それに、高齢者の受益を減らすにしても、それはそれで限界がある。高齢者のなかには貧困者も多く、また高齢のため働ける人も少ないからだ。たとえば年金の支給額を減らせば、今度は生活保護のための予算が増大するだろう。

結局のところ、この世代間対立を一気に解決するような魔法の方法は存在しない。経済的に余裕のある高齢者や元気で働ける高齢者に少しでも負担する側に回ってもらうような制度改正を少しずつ進めていくしかないだろう。

若者を犠牲にする言説

最後に次の点を指摘しておきたい。

現役世代と高齢者のあいだの世代間対立について問題を提起すると、きまって「高齢者を悪者にするつもりか」という批判が飛んでくる。

この世代間対立は高齢者のほうが得をしているという現実を抜きにしては議論できない対立なので、その問題提起が「高齢者を悪者にしている」かのようにきこえてしまうのは仕方のないことかもしれない。しかしそのように受け取ることは完全に短絡的《たんらくてき》だ。

というのも、この世代間対立は根本的には急速な少子高齢化という人口動態から生じているからである。つまり、この世代間対立は人口動態にもとづく構造的なものなのであり、高齢者が下の世代を搾取しようとして生まれたものではない。

また、この世代間対立の要因である少子化についても、それを高齢者のせいにすることはできない。

なぜなら少子化はいまの現役世代でも進行しているからである。出生率の低下という点では、いまの高齢者よりも現役世代のほうが少子化を加速させてしまっているほどだ。

そもそも少子化という現象は人口動態という大きな歴史的な動きのなかで生じている現象であり、特定の世代の責任に帰すことができるようなものではない。

こうした点から、世代間対立の問題について高齢者を悪者にするような議論は、そもそも問題の認識を誤っていると言わねばならないのである。

もちろん、だからといってこの世代間対立には何も議論すべき問題はない、ということにはならない。そこには明白な世代間の不平等が、それも放っておけばますます拡大してしまう不平等が、存在しているからである。

では、私たちは世代間対立について何を問題視すべきだろうか。

それはたとえば、高齢者への社会保障を手厚くすべきだということを当たりまえの正義であるかのように主張する言説だ。

私たちが現在直面している世代間対立とは、高齢者が得をすれば現役世代の負担が重くなってしまうというリアルな利害対立にもとづく世代間対立である。さらにその根本には、そもそも高齢者が勝ち逃げ世代となってしまうような世代間格差の問題がある。

それを踏まえずに、あるいは意図的に無視して、高齢者の社会保障を手厚くすることを当然の正義だと主張するような言説はきわめて独善的だ。それは、みずからが「善」だと考えることのために誰かが犠牲となってしまうことに対してあまりに無頓着である。

しばしば、高齢者への社会保障をもっと手厚くすべきだという主張は、社会保障を充実させない政府への批判として展開される。

しかし、政府批判だからといってそこにある独善性が薄まるわけではない。むしろその手の政府批判は、背景に社会保障の財源を負担している人たちがいることを隠してしまうという点で、より一層独善的である（念のために付言すれば、あらゆる政府批判が独善的だと言いたいのではない）。

また、これと似たような言説として、経済成長の必要性を否定するような言説にも警戒が必要だ。

そうした言説はきまって「この社会はここまで豊かになったのだから経済成長はもう必要ない、必要なのは再分配である」と主張する。要は、社会で産み出された富を次の成長のための投資に使うのではなく、社会保障を拡充するための再分配に使え、ということである。

しかしこうした言説は、経済成長が達成されるからこそ再分配も可能となる、という現実を見落としてしまっている。

社会で産み出された富を未来の成長のための投資に使うことなく、すべて再分配に使ってしまったら、しだいに富を産み出す活動は頭打ちとなり、社会全体がジリ貧となって、再分配そのものが行き詰まってしまうだろう。再分配をより充実させるためには経済成長が必要なのだ。

とりわけ、今後も少子高齢化が進み、高齢者の割合が増えつづける日本社会では、高齢者への社会保障を維持するために経済成長は必要不可欠となる。

というのも、もし経済成長がなければ、現役世代の給料は上がらず、その一方で高齢者は増えつづけるため、その高齢者の生活を支えるための現役世代の負担は重くなるばかりだからである。つまり、経済成長がなければ現役世代は、増えつづける高齢者の生活を支えるために貧困化せざるをえない。経済成長があってはじめて現役世代の負担は重くならずにすむのである。

この点で、経済成長の必要性を否定する言説は、たとえそれが美しい理想や道徳を語っているようにみえても、本質的には現役世代や将来世代を貧困化する独善的な言説にならざるをえない。

経済成長の必要性を否定する言説は、「成長か、分配か」というように「成長」と「分配」の関係を対立させてしか考えられない点に根本的な欠陥がある。しかし両者は二項対立の関係にあるのではない。両者は、経済成長によって再分配もより拡充される、というように補完的な関係にある。

その補完的な関係をいかに強固に構築できるのかを考えることが、社会保障の拡充をめざす人の本当の仕事にほかならない。

高齢者への社会保障を手厚くすべきだという言説にせよ、経済成長の必要性を否定する言説にせよ、どちらも一見すると心地よい「正義」の響きをもつ言説だ。

しかし、心地よい正義の言説が、実際にはものごとのほんの一面しかとらえていない独善的な言説であることはよくあることだ。その独善性は世代間対立をより深刻なものにするだけだろう。

第三章

マッチングアプリと恋愛コスパ主義

山田昌弘

やまだ・まさひろ　中央大学文学部教授。一九五七年、東京都生まれ。八六年、東京大学大学院社会学研究科博士課程単位取得退学。専門は家族社会学。「パラサイト・シングル」「格差社会」「婚活」などの言葉を世に広めたことでも知られる。著書に『希望格差社会』（筑摩書房）、『新型格差社会』『結婚不要社会』（いずれも朝日新書）、『日本の少子化対策はなぜ失敗したのか？』（光文社新書）など多数。

マッチングアプリの浸透

「マッチングアプリ」が広く一般に利用されるようになって久しい。ただ、マッチングアプリという言葉が「恋人や結婚相手探しのネットを利用したサービス」という意味で使われるようになったのは最近のことであるし、和製英語でもある。『朝日新聞』に最初に登場するのは、二〇一八年二月二十七日（夕刊）で、わざわざ「交流アプリ」と註《ちゅう》がついていた。

ところが、新型コロナ禍による外出制限も追い風になったのか、従来の出会い系といわれるサービス業者だけでなく、結婚情報サービス事業者、自治体関係の事業者もネット上での結婚相手紹介に乗り出すようになった。もはや、マッチングアプリといえば、パートナー探しツールの代名詞的存在になっている。二〇二一年、マッチングアプリに関する国会議員勉強会が発足し、私も呼ばれてお話をさせていただいた。

マッチングアプリの利用者数や、そこで出会って結婚するカップルも増えている。たとえば二〇二二年四月、五十一年ぶりに司会者が変わった長寿番組『新婚さんいらっしゃい！』でも、マッチングアプリで出会ったというカップルがときどき登場するようになった（二〇二一年一月放送、二十歳差カップルなど）。本稿では、マッチングアプリによる出会いを、日本社会における出会いの変化のなかで位置づけてみたい。

「出会い」の三つのパターン

恋人や結婚相手との出会いのパターンはさまざまである。『新婚さんいらっしゃい！』では、番組が開始されてしばらくのあいだは、司会の桂三枝《かつらさんし》（当時）さんは、新婚カップルに「見合いですか、恋愛ですか」と聞いていたが、いつしか「奥さん、きっかけは」と聞くようになった。それこそ昔は見合いが多かったが、最近は高齢の方が「ネットのブログを見つけて、連絡をとって会いに行った」というケースも放映された。私も長年、多くの夫婦にインタビュー調査をしてきたが、高齢者夫婦調査では「戦後すぐ、親が決めた相手で、結婚するまで二人きりで話をしたことがなかった」というケースもあれば、国際結婚調査のなかで「飛行機でたまたま隣の席の外国人から口説かれ、付き合って結婚した」という日本人女性に話を聞いたこともある。

国立社会保障・人口問題研究所が一九四〇年からほぼ五年おきに行なっている「出生動向基本調査」では、夫婦の「出会いのきっかけ」についての項目がある。二〇一五年の調査までは、①学校で、②職場や仕事の関係で、③幼なじみ・隣人関係、④学校以外のサークル活動やクラブ活動・習いごとで、⑤友人や兄弟姉妹を通じて、⑥見合いで（親戚・上役などの紹介も含む）、⑦結婚相談所で、⑧街なかや旅行先で、⑨アルバイトで、⑩その他、の一〇分類が使われていた（二〇一五年では、その他を再集計して、⑪メディアを通じて、⑫結婚情報サービス、⑬親や親戚を通じて、が報告書に掲載されている）。それが、二〇二一年度の調査からネットなどでの出会いも選択項目に加えられ、全体の一七・九％を占めている。同研究所の分析では、⑥と⑦を合わせて見合い結婚、その他を恋愛結婚と分類している。一九六〇年代半ばに恋愛結婚が見合いを上回ったというのは、このデータに基づいている。

私は、出会いのパターンを大きく、①「自然な出会い」、②「偶然の出会い」、③「積極的な出会い」の三つに分けている。①「自然な出会い」とは、幼なじみ、学校、職場、趣味のサークルなど、身近にいる人を好きになり、交際を始めるというもの。

②「偶然の出会い」とは、旅先や街なか、バーなどで、素性《すじょう》をよく知らない人とたまたま出会って好きになり、交際が始まるというもの。

③「積極的な出会い」とは、自分から交際相手、結婚相手を積極的に見つけにいくものである。これが、私のいう「婚活」（もしくは恋活）である。見合いでも、友人の紹介でも、合コンでも、結婚相談所でも、そしてマッチングアプリであっても、最初からお互いに交際（恋人、結婚）相手候補として相手と会うので、「積極的出会い」に含めることにする。

「自然な出会い」を好む日本人

日本では①「自然な出会い」が好まれ、②「偶然の出会い」が避けられる傾向がある。そして③「積極的な出会い」も人気がない。その理由は、日本人の国民性として、①「面倒」を嫌う、②「リスク」を嫌う、③世間体意識が強い、という傾向が影響している。

そのため、出会いにおいて、①交際相手探しで面倒（コスパが悪い交際相手探し）を嫌う、②交際におけるリスクを怖がる＝自分にふさわしくない相手と出会うことを避ける、③交際において他人（友人や親戚、近所の人から）から批判的なことをいわれるのを避けたいという考え方につながる。この点で、欧米の交際状況とは大きく異なっている。

日本では、恋愛と結婚を結びつける考え方がいまだに強く、「交際相手が結婚相手につながる」確率が高い。もちろん、「恋愛は恋愛として楽しむ、結婚は別」と考える人も存在するが、現在の日本では少数派である。となると、恋愛の場面でも、結婚相手としてふさわしい人とだけ交際したい、結婚相手としてふさわしくない人と交際するのを避けたい、と多くの人が考える。そのために、コスト（時間・お金）をかけるのは避けたいという意識が広く共有されている。

これが、日本社会で「自然な出会い」が好まれる理由である。「自然な出会い」では、出会うコストはゼロ、つまり、職場や学校、サークルなどですでにお互いを知っている。そして、「外れ＝結婚相手としてふさわしくない」の確率は低い。なぜなら、交際前に、相手の年齢から経済力、性格まで情報が得られているからである。学校で出会っても、学業成績から将来の経済力の推測はつく。同じ職場なら給料のおおよその額までわかるし、幼なじみなら相手の家族状況まで既知となる。
「偶然の出会い」にはリスクがある。ドラマのように運命の人に出会うという願望は誰にでもあるだろうが、出会って好きだと思った相手（もしくは声をかけられた相手）の素性ははっきりしない。職業や未既婚かどうかさえわからないし、聞いても相手がウソをつく可能性もある。とくに日本では、旅先や乗り物の中、飲食店、街なかで声をかけるのは、「危ない人」とみなされがちである。自分をだまそうとする人、いいかげんな人ではないかという疑いが消えない。出生動向基本調査でも、「街なかや旅先で」出会って結婚した人は、戦後一貫して一〇％未満しかいない。

　マッチングアプリが含まれる「積極的な出会い」は、リスクに関して「自然な出会い」と「偶然の出会い」との中間といえよう。会う前から、釣書《つりがき》（自己紹介書）やネット上のプロフィールで相手のある程度の情報を知ることはできる。親戚の紹介での釣書にはウソはないかもしれないが、いわゆる仲人口《なこうどぐち》で実際よりも誇張されて伝えられるかもしれない。一方、出会い系では職業や年齢でもウソが書かれている可能性がある。

　何より「積極的な出会い」には手間がかかる。誰かに紹介されたとしても、会うときには時間を割《さ》いて、さまざまな支度をしなくてはならない。結婚相談所などでは紹介料を払う必要がある。出会った人が交際するのに適切な人かどうかは事前にわからない。いいと思う人と出会うまで時間とお金を使う必要がある。つまり、「積極的な出会い」を志向するとコスパが問題になるのだ。

そして世間体ということになると、日本では、積極的に恋愛・結婚相手を探すことは「スティグマ（マイナスの烙印《らくいん》）」になることがある。先の『新婚さんいらっしゃい！』でも、五十年前は、恋愛結婚した人は堂々としており、見合いだとぼそっと答えるカップルが多かったことが記憶に残っている。当時は、見合い＝恋愛できなかった人、というイメージがあったのである。また、結婚相談所で知り合って結婚したカップルには、ことさらそのことを隠すカップルも多かった。日本では、とくに積極的に相手を探す女性は、男性から誘いがかからない＝魅力がない女性と揶揄《やゆ》されることもあった（その状況が変化するのは、私が「婚活」という言葉を作り、広まる以降である）。

一方で欧米では現在、交際は結婚を前提とするわけではなく、日本よりも恋愛が活発である。同棲も一般的なので、交際相手探しのための出会いに注目する。アジズ・アンサリの著作『当世出会い事情』（亜紀書房）によれば、アメリカでは職場の同僚など自然の出会いもある程度はあるが、友人に紹介を依頼するといった「積極的な出会い」が多い。また「偶然

図表　アメリカの出会いの変化

1995年		2010年	
友人の紹介	38%	友人の紹介	29%
バー	19%	バー	24%
同僚	19%	オンライン	22%
家族の紹介	14%	同僚	10%
大学	10%	大学	9%

出所：アジズ・アンサリ著『当世出会い事情』（亜紀書房）を元に作成

の出会い」でも、バーで出会って交際を始めたというケースも相当の割合を占めている。

やはりアメリカでは日本と違い、恋愛に価値を置く人が多いため、相手探しを面倒だと思う人は少なく、リスクをとってでも素敵な人と付き合いたいという意識が強い。二〇一〇年の時点でも、オンライン（主に、日本でいうマッチングアプリ）による出会いが急速に増大している。そのプロセスは、吉原真里著『ドット・コム・ラヴァーズ』（中公新書）に詳しい。そして二〇二〇年以降のコロナ禍で、その割合はさらに増えていると推測できる。

このように、やはり出会い方において日本と欧米は違うといえる。日本は「自然な出会い」を好み、「偶然の出会い」を忌避《きひ》し、できれば「積極的出会い」は避けたいと思っている。しかしそうもいってはいられない時代が来たことが、マッチングアプリの流行に関係してくる。

なぜ「自然な出会い」は減少したのか

ここで、日本社会における「出会い」における戦後の変化を簡単にまとめると、「自然な出会い」の普及と衰退ということができる。「自然な出会い」が衰退するとともに、未婚率の上昇や男女交際の減少が起きたのである。

日本では、高度経済成長期に「自然な出会い」による恋愛結婚が急速に普及する。多くの学校が共学化した。企業も一般職で大量の未婚女性を採用し、企業福祉の一環として社員旅行やサークル活動が奨励され、労働組合青年部も活発に活動していた。地域では農協や商工会の青年部、そして青年団の活動が活発で、自営業や農家の息子、娘が参加していた。未婚の男女が同じ場所で一緒に勉強や仕事、活動などを行なえば、そこで好きになる人が出てくる。

当時は「結婚退職」が一般的だったため、結婚した女性は活動から離れ、新たな未婚女性が加入してくる状況があった。きょうだいの数も多かったので、きょうだいの友達（多くは女性から見て兄の友達）との結婚も多かった。また、いまの上皇陛下のご成婚時（一九五九年）も「テニスコートの恋」ということで、「自然な出会い」によって結婚する風潮が後押しされ、日本における恋愛結婚の主流となる。一九六〇年代半ばには、恋愛で結婚した夫婦が見合いで結婚した夫婦を上回り、職場結婚の時代が来る。

日本には、欧米のようにカップルで行動するのが当然という「デート文化」がない。また、多くの日本男性は基本的にシャイであるため、相手と親しくなるには時間がかかる。当時の若者たちには、徐々に親しくなる時間的余裕があった。男女とも正社員や地域活動のメンバーであったからである。そして「自然な出会い」に乗り遅れた男女には見合いが設定され、ある程度の年齢までにほとんどが結婚していった。それが可能だった背景には、一九八〇年代頃まで、若年男性の収入が安定していたことがある。当時の女性にとって、誰と結婚しても、将来の経済生活を心配する必要はなかった。

ところが一九九〇年ごろから、職場での「自然な出会い」は減少する。理由の一つには、正社員の長時間労働（若年正社員の労働時間の増大）と非正規雇用の増大がある。非正規社員は入れ替わりが激しく、正社員との交流が少ない。とくに派遣やアルバイトなどの非正規社員には、未婚女性が多く就く。コスト削減などの理由で社内サークルや社員旅行を廃止する企業が増え、地方では青年団など全員加入の若者組織が衰退に見舞われた。また、収入が不安定で女性から結婚相手とみなされづらい男性が増えた。そうした要因が重なり、相対的にシャイな若者が出会ってゆっくり親しくなる機会が徐々に減少していったのである。

その結果、未婚化が進行する。一九七〇年には、三十代前半の未婚率は男性一一・七%、女性はわずか七・二%と、男女ともに三十歳くらいまでにはほとんどが結婚していた。それが二〇二〇年には、男性五一・八%、女性三八・五%（国勢調査、集計方法が変わったので単純に比較はできない）にまで上昇する。そして出生動向基本調査でも、二〇〇五年以降、恋人をもつ未婚の若者の割合が急速に低下する。二〇二一年では、恋人（婚約者含む）がいる十八―三十四歳の未婚の若者は、男性二一・一%、女性二七・八%まで落ち込んだ（二〇〇五年、男性二七・一%、女性三六・七%）。

コスパとリスクの相反

私が「婚活」という言葉をつくったきっかけは、二〇〇七年、雑誌『ＡＥＲＡ』で白河桃子氏に取材を受けたことだった。「結婚をめざしてさまざまな活動をしている未婚女子」が増大している現象を説明するために、結婚活動、略して「婚活」と名付けたのだ。翌年には白河氏との共著『「婚活」時代』（ディスカヴァー携書）を出版し、「自然な出会い」が衰退するなか、積極的に活動しないと結婚相手に巡り会えない確率が増大したことを述べた。

では、「積極的な出会い」のなかで、マッチングアプリにはどのような特徴があるのか。

一つ目は、コスパとリスクの相反だ。すなわち、手軽に多くの人と出会うことができる一方で、問題がある人と出会う可能性も高いということである。友人などに紹介を頼んでも、その友人に適切な知り合いがいるとは限らない。いわゆる合コンも然《しか》りである。結婚情報サービス業はさまざまな人を紹介してもらえるが、手続きが面倒で料金もかかる。ただその分、問題がある人と出会う可能性は低くなる。

一方でマッチングアプリは、料金は無料もしくは安く、多くの人に出会える。プロフィールが事前にわかるため自分に合った人を見つけられる可能性が高く、コスパは良い。

しかしその分、リスクは高い（職業や収入、年齢の詐称などウソのデータの提示、サクラの存在、結婚目的でない人や既婚者の参加、婚活詐欺などを排除できない）。『新婚さんいらっしゃい！』でも、マッチングアプリ上で男性側が職業を医師だとウソをつき交際を始め、結婚寸前で本当のことを話したケースもあった（女性が許したから番組に出ているのだが）。羽渕一代《はぶちいちよ》・弘前大教授の分析でも、マッチングアプリを利用する学生は少数で、性的リスクをとれる人であるとしている（羽渕「出会い文化の変遷」林雄亮他編『若者の性の現在地』勁草《けいそう》書房）。

そこでマッチングアプリの運営会社でも、いわゆる「出会い系」との差異化を図るため、さまざまな工夫を凝《こ》らしている。公的なアプリでは、独身証明を要求するものもある。ただし、そうなれば利用者の面倒が増えることは否めない。

「もっといい人がいるかも……」

マッチングアプリの特徴の二つ目は、社会的な魅力格差が顕著である点だ。男性にとっては学歴や職業、収入、女性にとっては容姿や年齢による「相手からの選ばれやすさ」の格差を解消するものではなく、むしろ際立たせる出会い方でもある。現実問題として、プロフィールの収入が低かったり、定職についていなかったりする男性や、年齢が相対的に高い女性は選ばれにくい。

もちろん、その状況に対して結婚相手紹介サービス業も対応を試みている。たとえば「AI婚活」といって、AI（人工知能）が根拠を示さずに相手を紹介してくれるサービスも出ている。また、収入や年齢をアプリ上に表示せず、性格や趣味でお互いに選び合うというサービスを行なう会社もある。

三つ目は、「もっといい人がいるかもしれないシンドローム」と「がっかり効果」だ。マッチングアプリでは多くの人と出会えるため、マッチした人と出会える確率を高める半面、一人になかなか決められないという事態が起こる。この状況を私は、「もっといい人がいるかもしれないシンドローム」と名付けた（拙著『結婚の社会学』丸善出版）。

また、アプリで見た写真が好みだと思って選んだにもかかわらず、実際に会ったら想像していた人と悪い意味で違っていたということもよく起こる。これを、イスラエルの社会学者であるエヴァ・イロウツ（Eva Illouz）は「がっかり効果」と呼んだ（Illouz,Cold Intimacy）。前述の吉原真里氏の著書でも、たくさん会えても付き合わない人が多かったと書かれている。

マッチングアプリにはこれらの問題点があるにしろ、自然な出会いが衰退し、偶然の出会いが好まれないとすると、結婚や交際相手を求める人は「積極的な出会い」に頼らざるをえないだろう。またマッチングアプリには、いままで「自然な出会い」では関わることができなかった人（特殊な趣味や性的志向を含む）と出会えるという大きなメリットがある。若者というより中高年の利用が近年増えているのも、身近に独身中高年が自然に出会う機会が少なかったからである。スマホの普及とパートナーがいない人の増大とともに広がったマッチングアプリの行く末について、これからも注視していきたい。

第四章 「みなまで言うな」は通じない

山口 航

やまぐち・わたる　帝京大学法学部専任講師。一九八五年、兵庫県生まれ。同志社大学法学部三年次退学（飛び級で同大学院入学）。同大学院法学研究科博士後期課程単位取得満期退学。博士（政治学）。スタンフォード大学客員研究員などを経て、現職。専門は日米関係史、安全保障論、国際政治学。著書に『冷戦終焉期の日米関係――分化する総合安全保障』（吉川弘文館、二〇二三年、猪木正道賞正賞受賞）など。

戦後日本が志向してきた価値観

「日本は、国内的にも国際的にも、自由で開放的な秩序を志向しており、それ故に、いわゆる『自由陣営』に属してきた。〔中略〕自由で開放的な秩序の維持、発展を求めることが、当然、日本の基本的政策となるのである〔傍点筆者〕」

二〇一六年、安倍晋三首相が「自由で開かれたインド太平洋（ＦＯＩＰ）」との理念を提唱した。これは、後任の菅義偉《すがよしひで》、岸田文雄内閣でも引き継がれており、さらに、日本発の外交理念としては珍しく、海外でも受容された。たとえば米国では、ドナルド・トランプおよびジョー・バイデン政権が、党派を越えてＦＯＩＰを掲《かか》げている。

このように述べると、冒頭の文章は近年の政権によるものと思われるかもしれない。だが、じつはこれは、一九八〇年に大平正芳《おおひらまさよし》首相の政策研究会「総合安全保障研究グループ」が提出した報告書の一部である。

大平は、計九つの政策研究会を立ち上げ、多岐にわたるテーマについて検討を進めた。岸田首相は、大平が率いた宏池会《こうちかい》の継承者であり、そうした議論を多分に意識している。大平の「田園都市国家構想」を引き継いで、「デジタル田園都市国家構想」を打ち出したのは、その最たるものである。

また、環太平洋パートナーシップ（ＴＰＰ）は大平の「環太平洋連帯構想」の流れを汲《く》む協定である、と岸田首相は外相時代に国会で答弁している。その「環太平洋連帯構想」に関する政策研究会の報告書も、同構想の基本的な理念として「文化や言語の独自性、社会制度や慣習の多様性を相互に理解し尊重する自由で開かれた連帯［傍点筆者］」を謳《うた》った。

戦後の日本は、「自由主義陣営」に属し、「自由で開かれた」秩序の受益者となった。そして、外交において価値観をどの程度押し出すかは別として、その秩序の維持に貢献しようとしてきた。それをあらためて強調しているのがＦＯＩＰである。この用語自体は新しいが、「自由で開かれた」という理念は、国の内外で、戦後日本が長らく志向してきた価値観なのである。

「自由で開かれたインド太平洋」と経済安全保障

インド太平洋で「自由で開かれた」秩序を実現すれば、この地域に関与する国や地域が、分け隔《へだ》てなく利益を享受《きょうじゅ》することになる。したがって、航行の自由や自由貿易などを普及・定着させ、平和と安定を確保していこうとするのがＦＯＩＰである。

もちろん、この概念は多義的で国によって同床異夢《どうしょういむ》である、との批判は容易であろう。だがＦＯＩＰには、抽象的であるがゆえに幅広く受容されやすいという側面もある。現状の積み重ねから手堅い目標を考えるのではなく、まず目標を設定し、そこへのプロセスを検討する。これは、近年注目が集まる「持続可能な開発目標（ＳＤＧｓ）」と同様のアプローチであると言える。

その一方で、「自由で開かれている」がゆえの脆弱性《ぜいじゃくせい》も忘れてはならない。たとえば、コロナ禍でのサプライチェーン（供給網）の混乱は記憶に新しく、サイバー攻撃によるリスクも現実のものとなっている。こうした事態に対処するには、安全保障上重要な分野における一定の自律性も欠かせない。岸田政権が経済安全保障を主要な政策課題としている背景には、こうした事情がある。

ただし、他国に過度に依存することを防ぐべく「戦略的自律性」を重視していけば、コストの増大や、自由貿易の原則との兼ね合いが問題となる。

これに通底する論点は、大平の時代にも指摘された。一九七九年にイランで反米的な政権が誕生し、結果的に日本は、主要な石油供給国たるイランと、同盟国たる米国との間で板挟みになった。「総合安全保障研究グループ」の報告書が示したように、「ときとして、いくつかの政策手段がトレード・オフの関係に立ち、したがって、われわれに苦しい選択を迫」りうるのである。

すなわち、経済安全保障だけを見ればよいわけではなく、他の政策とのバランスを考えなければならない。経済安全保障や狭義の安全保障を別々に追求していくのではなく、それらのバランスをとり、さらに創発を生じさせることはつねに意識すべきであろう。

「特殊性」、否定的に見るか？　肯定的に見るか？

ここで提起したいのが、普遍性を帯びた「自由で開かれた」という理念を日本は国際的に押し出しているが、国内や個人のレベルではどうか、という観点である。

「わが国に国内問題などない」と言ってしまえば、これは、どこぞの権威主義国家の報道官と同じ台詞《せりふ》である。むろん、侵略や国家的な人権の抑圧などと、不作為による（と思われている）問題は、同列に論じられないかもしれない。しかし、だからといって、日本国内に目を向けなくてよい、ということにはならない。

自己認識と他者からの視点には、往々にしてズレが生じる。それが顕著に表れたのが、一九九〇年前後に巻き起こった「日本異質論」である。貿易摩擦などを背景として、日本の政治経済のシステムが西欧近代国家の普遍的なそれとは異なり、「自由で開かれて」いないと批判的に論じられた。

また、ほぼ同時期の一九九三年には、自民党衆議院議員であった小沢一郎の名で『日本改造計画』が刊行され（じつは北岡伸一、御厨貴《みくりやたかし》、飯尾潤、竹中平蔵、伊藤元重らが執筆したという）、日本は「普通の国」になれと提言された。内外の変化に対応するために、政治や経済、社会のあり方や国民の意識を変革し、「世界に通用するものにしなければならない」との主張である。

「日本異質論」も「普通の国」論も、日本が国際標準から乖離《かいり》しているとして、その「特殊性」を批判的に捉える点では、軌《き》を一《いつ》にしている。これは、社会学者のエズラ・ヴォーゲルが、『ジャパン・アズ・ナンバーワン』（一九七九年）で「日本的経営」などの諸制度を取り上げ、日本の「特殊性」を肯定的に論じたのとは対照的であった。

こうした議論の構図は、韻《いん》を踏んで繰り返されている。新型コロナウイルス感染症をめぐっても、一方では、海外に及ばない検査数や、ワクチン接種やデジタル化の遅れといった、日本の「特殊性」が否定的に受け止められた。他方、国際的に見れば、死者数や感染者数が相対的に少ないのは、日本人の国民性や体質に要因があると、その「特殊性」が肯定的に見られたこともある。いずれも、日本の「特殊性」を前提とする点においては共通していたのである。

アカウンタビリティの模索

その「日本異質論」の代表的論客、ジャーナリストのカレル・ヴァン・ウォルフレンは、日本にはアカウンタビリティが欠如していると主張した。権力者が政策について人びとにきちんと説明し、人びとは権力者に方向性を指し示す。このようなコミュニケーションが日本にはない、と論じたのである（『人間を幸福にしない日本というシステム』）。

こうした指摘もあり、とくに一九九〇年代以降、アカウンタビリティは、さまざまな文脈で追求されることになった。政治面においても、平成の一連の改革は、アカウンタビリティを導入し、透明性を高めようとしたものである。当時、リクルート事件や東京佐川急便事件に端を発して、「政治とカネ」をめぐり政治に対する不信感が強まった。不透明な政治の温床が中選挙区制に求められ、政権交代可能な二大政党制がその解決策であるとされた。

かくして、政治改革関連法が一九九四年に成立した。これにより、アカウンタビリティを果たせなかった与党を選挙で交代させられる制度が、（まがりなりにも）整えられることとなった。また、中央省庁再編に結実する一九九〇年代後半の橋本行革でも、「国民への説明責任の徹底」が謳われており、アカウンタビリティは当時の改革の気運を象徴する言葉である。

空気を読まねばならないのか

近年、アカウンタビリティのリバイバルが生じているように思われる。たとえば、デロイトトーマツグループの「二〇二一年ミレニアル・Z世代年次調査」によると、世界的に見て、ミレニアル世代（一九八三〜九四年生まれ。筆者もこの端くれである）やZ世代（一九九五〜二〇〇三年生まれ）と呼ばれる若年層は、アカウンタビリティを重視する傾向があるという。「自由で開かれた」という理念は、こうした潮流とも合致している。

これを筆者は、「みなまで言うな」（事情は察したからすべてを説明しなくてよいの意）への反発と理解している。

言語化されない仲間内の「伝統」に従うことが求められ、暗黙の了解から意図せず逸脱《いつだつ》してしまった場合には、「空気が読めない」として冷遇ないし排除される。はたして、これが「自由で開かれた」社会であろうか。権威主義国家を非難しながら、あるいは、政府が「リベラル」ではないと批判しながら、身近な人に不寛容に振る舞う矛盾がなぜ見過ごされているのか。身の回りのハラスメントから、格差、差別、人権、環境問題などにいたるまで、説明がつかない因襲《いんしゅう》は、この世代には受け入れがたいのである。

たしかにアカウンタビリティと言っても昔よりはマシだ、と過去を知る世代は思うかもしれない。だが、若年層には比較の対象がないために、そう言われたところで実感がわかかない。

戦争についても同様である。この世代は「戦争を知らない子供たち」の子どもたちや孫たちである。太平洋戦争どころか冷戦などの「大きな物語」を、そもそも実体験としては知らない。したがって、戦勝国から「押しつけられた」憲法の屈辱《くつじょく》を忘れるな、あるいは、最近は戦争の記憶が薄れ「右傾化」していて危険だ、と説教されても、響くはずもない（戦争体験をいかに受け継いでいくかは別の課題である）。

かつては、「押しつけ憲法」や「右傾化」の議論をもち出せば、「水戸黄門の印籠《いんろう》」のごとく、相手が沈黙することもあったであろう。だが、こうした形式美を愛《め》でる余裕が、いまやこの国にあるとは思えない。

「説明させる責任」

もっとも、「アカウンタビリティが不十分である」と言うときには、主体的に相手に説明を求める必要があることも忘れるべきではない。「説明する責任」を一方的に相手に押しつけ、自らの「説明させる責任」を不問に付してはならないのである。そして、説明を求めるからには、それを聞かねばならない。

説明させる努力をしなかったのであれば、それは怠慢《たいまん》である。相手が真摯《しんし》に説明をしているのに耳を傾けなかったのであれば、それは傲慢《ごうまん》である。

評論家（元・歴史学者）の與那覇潤《よなはじゅん》が論じるように、ローカルな慣習や暗黙の合意で処理されてきた事案が白日の下にさらされるや、糾弾《きゅうだん》が殺到し、誰も弁護できないというマス・ヒステリーは、もはや定期的な祭礼として定着した観もある（『平成史』）。そこに、説明を求める姿勢はない。アカウンタビリティの欠如を批判する（スタンスをとる）側が、一方的な振る舞いによって、アカウンタビリティを喪失《そうしつ》してしまっている。

もちろん罪は裁かれねばならない。だが、それをもっぱら人民裁判や私刑に委《ゆだ》ねるのは、「自由で開かれた」法治国家ではない。

多様化する社会のなかでは、幅広い合意の形成が難しくなっているのかもしれない。それでも、自己とは違う存在を認識する想像力を涵養《かんよう》し、同意はできなくとも、相手の説明に耳を傾けて対話を諦《あきら》めない姿勢が、「自由で開かれた」社会をめざすのに不可欠なのではあるまいか。

「自由で開かれた」秩序を求めて

このことを掘り下げていけば、ある難問に突き当たる。それは、「自由を認めず開かれていない」相手に対しては、「自由で開かれた」態度を放棄してよいのか、という問いである。これは国際的な秩序を追求する際にも当てはまる。

もちろん、既存の国際秩序に挑戦する国や人権問題が生じている国などに対しては、毅然《きぜん》として対処しなければならない。政策の手段同士はときとしてトレード・オフの関係にあるため、一定の対立や不利益を覚悟する必要もある。

さりとて、長期的には、そのような国が少しでも望ましい方向に向かっていくよう慫慂《しょうよう》すべきであろう。相互依存の進む世界においては、何らかのかたちで関わっていかねばならないのである。嫌な相手とは縁を切ればいいという発想は、想像力が欠如している。「自由で開かれている」か否かを踏み絵として、適合しなかった国を排除し溜飲《りゅういん》を下げるのは、建設的な態度とは言えまい。

たしかに、「自由で開かれた」という大風呂敷を広げることには、面映《おもは》ゆいと感じたり冷ややかに見たりする向きもあろう。「この国のかたち」はニュアンスに富んでおり、このような単純なキャッチフレーズでは言い表せないと。

しかし、表現できないから察しろと求めるのは、これからの世代には通じない。難点も多々あるが、それでも、理念を言語化することには意義がある。もし実情にそぐわないのであれば、柔軟に修正していけばよかろう。十分に「自由で開かれている」から理念を打ち出すというよりも、理念を掲げることで「自由で開かれた」秩序が形成されていく側面もある。

こうした理念を謳うだけで満足するのではなく、その意味を絶えず問うことによって、「この国のかたち」を見直し続ける姿勢こそが肝要である。

第五章

認められたいけど目立ちたくはない
――複雑な承認欲求の謎

金間大介

かなま・だいすけ　金沢大学融合研究域融合科学系教授／東京大学未来ビジョン研究センター客員教授。北海道生まれ。横浜国立大学大学院工学研究科物理情報工学専攻（博士（工学））、バージニア工科大学大学院、新エネルギー・産業技術総合開発機構（NEDO）、東京農業大学准教授などを経て、二〇二一年より現職。博士号取得までは応用物理学を研究していたが、博士後期課程中に渡米して出会ったイノベーション・マネジメントに魅了される。それ以来、イノベーション論、マーケティング論、モチベーション論などを研究。著書に『イノベーション＆マーケティングの経済学』（共著、中央経済社）、『先生、どうか皆の前でほめないで下さい』（東洋経済新報社）など。

身近な人からの承認欲求が強い若者

いまの若者に承認欲求はあるのでしょうか？

若者論を研究していると、よく聞かれる質問だ。

答えはイエス。疑う余地はない。マズローが欲求五段階説で唱えたとおり、承認欲求は人間本来の欲求の一つだ。

いまの若者の承認欲求は強いのでしょうか？　それともちょっと弱くなっている？　これは企業の人事部や高校教師などからよく聞かれる質問だ。

鋭い質問だと思う。ポイントは、後半の「もしかして弱くなっているのでは？」という部分。日常的に接していると、そう感じるシーンは少なくないかもしれない。

よって、この答えは難しい。実際は千差万別だろう。

ただし、傾向はある程度つかめている。それは「身近な人たちからの承認欲求が強い」ということだ。

理由は、人間関係において彼らが気にする大部分を「友だちやそれに類する人たちにおける自分の印象」が支配しているから。

どういうことか。これが本稿で迫りたい点の一つだ。

基本的に人は他者から価値ある存在と認められたい。そして、そこに根拠があるとなおよい。他者から価値ある存在と認められるだけの客観的な根拠。その根拠づけにおいて最も頻繁に活用される方法が、他者との比較になる。

人より頭がいい。人より見た目がいい。人より努力している。こうした「人より優《すぐ》れている」ことを他者が認めることで承認欲求は満たされる。

しかし、そうしてストレートに承認欲求を満たすことは、カッコ悪く、恥ずかしい行為と受け取られる。ここが承認欲求充足の第一の難関だ。他者と比較してまで自分の欲求を満たすなんて、みっともない恥ずかしい行為。よって、承認欲求を満たす行為は、時代とともに複雑化、巧妙化してきた。

それでは、人はどのように自分たちの承認欲求を満たしてきたのか。

まずは各世代の人たちが、とくに若者だったころ、どのように承認欲求を満たしていたかについて、あるあるネタをベースに紐解《ひもと》いていこう。

五十歳以上——競争とルールの世代

承認欲求が端的に満たされる方法の一つとして、競争で勝つことがあげられる。50歳以上の人では、とくにこの傾向が強い。競争にはルールがあり、それを守る限り公平だ。結果は明示的でわかりやすく、原則として公開される。

勝利は客観的な比較優位の証拠であり、自分たちで決めたルールを守り、その上で勝利することは、ストレートに賞賛に値する。よって、そういったストーリーも大好きだ。敗者を排除するようなことはせず、むしろ「また明日がある」と鼓舞する。一九八〇年代にトヨタのＣＭで使われた「いつかはクラウン」というキャッチコピーは今でも語られるほどだが、努力すれば誰でも高級車に乗れる、という世代の思想も汲み取れる。

逆に、ルールを逸脱する行為に対してめっぽう厳しいのもこの世代の特徴だ。

競争は、真の目的を意識しないで済むことも大きなメリットだ。その競争にはどんな目的があるのか、その競争の先には何があるのか、といった難しい本質論に対し、無思考でいられる。

また、現在ベテラン世代の人たちが若手だったころは、いまよりも努力を結果に反映させやすい環境にあった。もちろん運・不運は存在するが、総合的には努力量が結果に強く影響した。「人生の成否は生まれたときから決まってる」「自分の力ではどうしようもない」といった、いわゆる「ガチャ論」のような世界観は存在しなかった。

ただし、最近はめっきり「競争」も「努力」も聞かなくなった。理由は大きく分けて三つある。

一つ目は、いま述べたように、努力と結果の関係性が薄れてきたから。

これはビジネスの現場でよく言われることだが、明らかに「正解」が見えなくなってきている。「顧客ニーズの潜在化」がこの不透明感を高めている。濃い霧の中で全力疾走はできない。全力で走るなら、クリアな視界の先に明示的な目標が必要だ。

二つ目は、いまの時代、努力の推奨はハラスメントになりうるから。

かつて学生を対象に実験したことがある。上司が部下にかける言葉として、どのくらいまでなら許容できるか？　という実験だ。その結果、「がんばろう」はまあ大丈夫、「がんばれ」はぎりぎりセーフ、「もっとがんばれ」はアウトという判定だった。「もっとがんばれ」は、圧が強すぎるという判定だ。

三つ目は、努力よりも、アイデアや知識・スキルの「質の高さ」が重要になってきたから。たとえば、一定のマニュアルがあり、飽《あ》くなき反復練習が勝敗を決する世界から、持っているスキルや創造性の高さによって優劣の線引きがなされるようになってきた。一つ目の点と関連するが、社会的課題が高度化、複雑化する中で、人が何らかの価値を生み出すには、努力だけではどうしようもない領域が多くなってきているという考えだ。

三十代後半から四十代——努力を人に見せるのはダサい世代

承認欲求を積極的、直接的に満たそうとするのは恥ずかしいことだ。そういう行為は何よりもカッコ悪い。そう認識する傾向が、いまの三十代後半から四十代にかけて強い。

「この世代こそ、競争原理が強いのでは?」と思う人もいるかもしれないが、それは誤解だ。確かに日常に競争が溢れていたのは、人口の多い団塊ジュニアを含むこの世代だ。ただ、その競争環境とルールを作ったのは誰かと言うと、その上の世代になる。その意味では、競争を強《し》いられた世代とも言えるだろう。

むしろ、この世代から「勝ち組」「負け組」といった概念が定着し、競争はそういった格差の固定化につながるという認識が強くなった。「競争より共創」という概念を好み、広めてきた世代でもある。

この世代にとって、競争に勝つことはもちろん承認欲求の充足につながるが、決して「そのために努力したぜ」という姿勢をひけらかしてはいけない。

たとえば定期試験当日の朝、友だちに「昨日どのくらい勉強した?」と聞かれても、決して「すげーやった!」とは言わない。「いやもう全然。なんか深夜番組とかダラダラ見ちゃって」と答えるのが正解だ。後日、明らかにそれは嘘だったとバレるとしても、だ。

こういった行為に対して、クールという概念が浸透しているのもこの世代の特徴だ。わかりやすい事例は木村拓哉さん。ストイックな努力家であることはよく知られているが、そうするのはあくまでより良い作品を作るためであり、チームとして高みへいくためには当然のことだ。

さらにわかりやすい事例はイチローさん。日々の弛《たゆ》まぬ努力は、まだ誰も見たことのない景色を見にいくためだ。日々、自分と向き合って、自己実現を追求する姿がとてもクールでカッコいい。

もっとわかりやすい事例は漫画『ＳＬＡＭ ＤＵＮＫ』。敵キャラだろうとモブキャラだろうと、スリーポイントシュートを練習するときは、絶対に広い体育館で一人だ。それを遠めのアングルで描くのがクールな一コマとなる。

いずれも、そんな姿勢の裏側に承認欲求を満たそうという意図は全く感じられない。そんな姿がとってもカッコいい。

でも、令和のいまでは、そんな「クール」描写は少なくなってきた。黙々と一人残って練習する仲間を見かけたとき、見ないふりをしてそっと立ち去るのが平成、「一緒にやろう！」と堂々と合流するのが令和、といったところか。

十代から二十代——人前で褒められたくない世代

　承認欲求があるのにもかかわらず、さも「そんなことは関係ない」「他人は全く関係ありません」と振る舞うのは恥ずかしいことだ。明らかに承認欲求を満たすための努力なのに、それをことさら隠そうとする姿勢はむしろ感じ悪い。そんな傾向が、いまの十代から二十代の若者世代にはある。

　いい点を取ろうと思ってちゃんと勉強した翌日、「昨日どのくらいがんばった？」と聞かれて、「全然！」なんて答えたら、プチ炎上必至。「いや、めっちゃやったよ（笑）」と答えるのが正解だ。細かい描写で恐縮だが、「笑」までセットでつけるのが正解だ。

　彼らの先輩世代に当たる人は、このように、いまの若者が「めっちゃがんばりました（笑）」と、ことさら努力をアピールする（ように見える）姿に違和感を覚えるようだ。「おいおい、人前でそんながんばったアピールするか、普通」という感じだ。

　だが、若者から見ると、実際に努力したと思っているのに、それを隠す、あるいは控えめに言うのがクールでカッコいい、と思っている先輩世代のほうがダサく、恥ずかしいのだ。

　あくまで彼らは、努力をアピールしているというわけではなく、事実を伝えているだけだ。仮にアピールしているように聞こえるとしたら、それは聞く側に「努力は隠すもの」という認知バイアスが働いている可能性が高い。

では、なぜ努力を隠すことなく事実を伝えるようになったのだろうか。

やや難しい表現になるが、今の若者はがんばるとか努力するという行為が、他人にどう受け取られるかをとても気にする傾向にある。

そのため、努力したことを隠したり控えめに言ったりする行為に対して、「何嘘ついてんの?」「もしかしてカッコつけてる?」と思われることに強い恐怖を感じる。だから、素直にがんばった際には「はい、めちゃがんばりました（笑）」と言うわけだ。

先輩世代の人はご注意を

ここで先輩世代の皆さまに重要な注意勧告を一つだけ。

いかにいまの若者が努力したときは隠さず表明するからといって、あなたまで彼らの努力を口外周知する必要はない。

とくに、多数の人に向かって「皆さん、○○君は必死に努力し、□□を達成しました！ぜひ皆さんのお手本に！」なんて、決して言ってはいけない。

なぜか。それはいまの若者の深層心理として、「人前で褒《ほ》められたくない」「目立つのが怖い」「痛い奴と思われたらどうしよう」という気質が強くあるからだ。

あくまでも、がんばったことを少数の人たちに対し、自らの口で「笑」付きで語るから許されるのだ。決して第三者の口から、大勢の前でアピールされるようなことは求めてない。

そんなことをされてもまったく承認欲求は満たされない。

むしろ、この瞬間以降、自分がどう思われるのかが気になって仕方なくなる。せっかく築き上げてきた皆の中の「自分像」が壊れてしまう。そんな大それた、上からの褒めは圧でしかない。次の日から、ハードルが上がりまくって何もできなくなってしまうのがオチだ（詳細は、まさにこの点をタイトルにした拙著『先生、どうか皆の前でほめないで下さい――いい子症候群の若者たち』（東洋経済新報社）をご覧あれ。可能な限りデータリッチで、かつ笑いを交えつつ、いまの日本の若者の心理を紐解いたつもりです）。

承認欲求は強いけど、目立ちたくない

若者論をテーマにした本書の趣旨にちなんで、Z世代の特徴をもう少し。

承認欲求はそれなりに強いのに、目立ちたくはない。この矛盾した心理は、どのような状態で若者の中に同居しているのだろう。

先に述べた通り、目立つことに恐怖に近い感覚があるのが、Z世代の特徴の一つだ。

大学生から二十代の若者を対象に、こうした特徴を持つ若者を「いい子症候群」と定義してみよう。

「いい子」にとっては、「人前で褒めるくらいなら、何も言わないでほしい」という心理がある。人前で褒められることを圧だと感じる、その理由は、主に次の三つだ。

一つ目は、自分への自信のなさとのギャップだ。いまの若者の多くは、能力面などにおいて、基本的に「自分はダメだ」と思っている。そんなときに人前で褒められると、それが大きなプレッシャーに変換されてしまう。

二つ目は、すでに触れた通りだ。褒められて、それを聞いた周りの人の中での自分像が変化したり、自分への印象が強くなったりすることを恐れる。とくに、「意識高い系」のように思われることへの抵抗は大きい。

三つ目は、横並び気質に起因する。横並び意識が強く、目立つことに恐怖を覚える若者にとっては、自分だけが何らかの利益を得て、差が付くことを嫌がる傾向にある。

自分だけ不利益を被《こうむ》ることには、もちろん強い抵抗を覚える。いい子症候群の若者たちは、素直でまじめでいい子、というのが第一のラベルだが、実は不利益を被ったときのリアクションはそれなりに強い。

しかもそのクレームは、直接関係している人に言うのではなく、調整役や管理部門に向かう。

たとえば、大学で講義をするとき、「エアコンの温度や風が気になる人は言ってくださいね。設定を調整しますので」と言って授業を始めるのだが、その時間内に何かを言ってくる学生はほとんどいない。

にもかかわらず、授業に関する匿名アンケートを実施すると、教室が暑い、風が当たって集中できない、等々、ずらっとクレームが並ぶ。

お客様としての権利主張は、（とくに匿名の状況で）しっかりしてくる印象だ。

ただ、ここでのポイントは、そういった不利益や理不尽を嫌う、ということと同時に、自分だけが利益を得る（しかも、そのことを周りの人は知っている）、という状況も良しとしないことにある。

社内表彰に冷めてしまう若手社員

僕は以前、企業での上司と部下の「モチベーション・ギャップ」を研究したことがある。

上司が「こうすれば、部下たちのやる気につながる」と思っていることが、実は部下にとっては興味がなく、時には引いてしまう要因にもなることが明らかになってきた。

その中でも、とくに認識の世代差が大きく出たのが、社長賞などの社内表彰制度だ。

上司の側は、表彰があることで競争意識が芽生えて、活性化すると信じている人が多い。一方で、若手側は、そういった社内表彰ではモチベーションは上がらず、むしろ「会社に誘導されているような気がして冷める」という考えも多く聞かれた。

この中でとくに興味深かったのは、賞をもらった本人でさえ、長期的にはモチベーションはあまり上がらず、それどころか下がる可能性も見受けられたことだ。

その理由は、やはり前述の「人前で褒められたくない三つの要因」のうちのどれか、あるいは複数から構成される。

表彰されることで「あいつはできるやつだ」認定され、次もその次も成果をあげなければならなくなる。いまの多くの若者には、とてもそんな自信はない。また、とくに同期や年の近い人から、「あ、あいつ、あっち側の人なんだ」と思われることは、できれば避けたい。同世代コミュニティの中で、とても生きにくくなる。

研究で得られたデータからは、もちろんすべての人に当てはまるわけではないが、少なくとも若者のうち一定数は、こうした傾向を持っていることが明らかになった。

目立ちたくないのは今も昔も同じ？

むろん、目立ちたくないという人は、昔からいただろう。何もいまの若者に限った話ではない。だとすると、何が変わってきているのだろうか。

この問いに対する僕の答えは「演技力」だ。いまの若者たちは、以前の若者たちに比べて、圧倒的に「演技力」が向上している。

以前は、初対面でも「あ、この人はあまり前に出たがらないタイプだろうな」ということがわかりやすかった。だから、たとえば部署配属などでも、その点を考慮することができた。「企画系より分析系が向いているだろうな」といった感性を働かせることができる。

だけど、最近の若い人は一見、ハキハキしていて爽《さわ》やかで若者らしい。けれど、実は目立ちたくないタイプだったりする。

現在の若者の多くは、その程度には演じることができるようになっている。そうすることで、自分への評価やラベリングが確定しないようにしているのだ。

なぜこのような気質をもつようになったのか？

ここまで、現在の若者の心理を、やや上から目線でいじるように描写してきた（若者の皆さん、ごめんなさい）。

しかし、彼らがこのような気質をもつことになったのは、彼ら自身のせいではない。目の前の若者が、一見爽やかに振る舞いながらも指示待ちに徹するのは、彼ら自身が望んでつくったものではない。

少子化が進む日本では、大人が何でも与える側にいて、子どもは何も主張しなくても与えられる状態に慣れてしまっている。これは、家庭も学校も然り。

少しでも子どもに不利益なことがあると、それは親の責任だという空気が蔓延《まんえん》する。親は、自分の子どもが他人からかわいそうと思われる状況に耐えられない。だから可能な限り事前にリスクを取り除いてあげようとする。

また、総じて自己肯定感が低いこの国では、子どもに何かをしてあげることで自分の満足感や有能感を満たそうとする大人は多い。このような環境にある子どもは、結果的に自分で考えたり決めたりする意識が育たない。

こうした大人社会、先輩社会の性質は教育現場にも染みついている。アクティブラーニングや探求学習など、いかにも生徒の能動性を重視した時間でも、やはりテンプレートは存在する。児童や生徒たちは、十代丸ごとかけてそれを身につけつつ、大学生、新入社員と大人になっていく。

仮にテンプレートを与えず、「考えさせる」場を設定できたとしよう。そのときは決まって、生徒や学生のほうから、「先生、これはこういう意味ですか？」「こういうやり方で合ってますか？」と聞きに来る。まさに答えの確認作業だ。

しかし、この状況において再び突き放せる教員はそう多くない。むしろ、嬉々《きき》として、どんどんと自分の考え、つまり彼らにとっての答えを与えてしまう。これで生徒側は答えを得ることができ、先生は「自分は彼らに寄り添った教育をしている」という満足感を得られる。

若者は「現役選手」しか尊敬しない

そろそろまとめに入ろう。

このフレーズはとても大事だと思っているので、いろんなところで使っている。

いまの若者は、目の前にいる先輩の過去の実績ではなく、先輩が今日何をして、明日何をするのかに興味がある。

つまり、現役選手としてのあなただ。

現役選手なので、基本的に失敗もする。

僕からの提案は、そんなあなた自身の失敗を、ぜひ若い世代に見せてあげてほしいということだ。負けても、くじけても、それでもなお次へ生かそうとする姿勢。若者は、その姿をストレートにカッコいいと受け止める傾向にある。僕はここに光を感じている。

正直、僕自身も「クール」に憧れる世代なので、努力したり、失敗する姿はなるべく隠したい。そんなダサい姿を年下には見せたくない。

でも、そこが本稿で指摘した、承認欲求の世代ギャップだ。

だから、先輩世代は気にしないでいい。

そして、あなたが何かに失敗した直後（例えば次の日とか）に、こう伝えてみてほしい。

「自分はもう一度、これに挑戦したい。今度は成功させたい。だから、手伝ってもらえないか」

これが、いまの若者の心を動かすキラーフレーズだと考えている。

ポイントは、若者に「向き合う」のではなく、「同じ方向を向く」こと。大切なのは、先輩世代のあなた自身の姿勢となる。

第六章

「無敵の人」を生まないためにできること

阿部真大

あべ・まさひろ　甲南大学文学部教授。一九七六年、岐阜県生まれ。東京大学文学部卒業。同大学院人文社会系研究科博士課程単位取得満期退学。二〇一八年より現職。専門は労働社会学、家族社会学、社会調査論。著者に『搾取される若者たち』（集英社新書）、『居場所の社会学』（日本経済新聞出版）、『地方にこもる若者たち』（朝日新書）など。

ホアキン・ジョーカー＝「無敵の人」

アメリカンコミック（とその映画化作品）の人気ヒーロー、バットマンの作品における最重要ヴィラン（悪役）といえば、ジョーカーだろう。一九八〇年代に大ヒットした『バットマン』（一九八九年、ティム・バートン監督）ではジャック・ニコルソンが演じ、二〇〇〇年代、アカデミー賞の助演男優賞を受賞するほどの高い評価を得た『ダークナイト』（二〇〇八年、クリストファー・ノーラン監督）では故ヒース・レジャーが、ついに主役となりアカデミー賞の作品賞にまでノミネートされた『ジョーカー』（二〇一九年、トッド・フィリップス監督）ではホアキン・フェニックスが演じた、あの、白塗りの顔で、口の周りに（笑っているようなメイクで）赤い口紅を塗りたくった「悪の道化師《どうけし》」である。

インターネット上のスラング（俗語）で、「無敵の人」という言葉がある。社会的に失うものが何もない（だから後先考えず、何でもできる）人を指す言葉なのだが、先に挙げた三人のジョーカーのうち、ホアキン・フェニックス版のジョーカー（以下、ホアキン・ジョーカーとする）が、これに最も近いと思われる。彼は貧しく、仕事もなく、友人もなく、恋人もなく、夢も破れた（彼はコメディアンを夢見ていた）「奪われし者」であり、映画では、彼からすべてが奪われていく様子が丹念に描かれる。映画の最後、失うもののなくなった彼は、テレビの生放送中、憧れていた有名コメディアンを射殺し、犯罪者たちのカリスマとなる。

このホアキン・ジョーカーと比べ、ジャック・ニコルソン版のジョーカー（以下、ジャック・ジョーカーとする）とヒース・レジャー版のジョーカー（以下、ヒース・ジョーカーとする）は愉快犯的な性格が強く、とくにヒース・ジョーカーに関しては、何が殺人の動機となっているかがまったくわからない。そうした「悪の不可解性」こそが、この映画が「現代的」と評された点であった。その意味では、悪をなす理由がわかりやすいホアキン・ジョーカーは、映画表現という観点からは、一歩後退したということもできるかもしれない。

しかし、フィクションの世界ではなく現実の世界のこととして捉えると、動機のわからない犯罪者より動機の明確な犯罪者のほうが、対応策を考えることができるという点で希望がもてる。ジャック・ジョーカーやヒース・ジョーカーは、行動原理が理解不能であるがゆえに、私たちの手には負えなさそうである。しかし、ホアキン・ジョーカー＝「無敵の人」は、行動原理が理解可能であるがゆえに、私たちの手で何とかなりそうだと思えるのである。

「無敵の人」が、社会からさまざまなものを奪われること＝「社会的排除」によって生まれるのだとすれば、それに対抗するには、その人を社会の中に戻していくこと＝「社会的包《ほう》摂《せっ》」のプロセスが不可欠である。それは、社会の問題として解決策を講じていくという意味で「社会的処方箋《しょほうせん》」と呼ぶことができるだろう。

二〇二一年の十月三十一日、東京都調布市を走行する京王線の車内で刺傷事件を起こした服部恭太（事件当時二十四歳）は、ホアキン・ジョーカーを思わせるスーツに身を包み、犯行に及んだ（事実、彼はジョーカーに憧れていたという）。また、二〇二二年の七月八日に起きた安倍晋三元首相銃撃事件。白昼、自作の銃で元首相を死に追いやった山上徹也《やまがみてつや》（事件当時四十一歳）の凶行は、日本中を震撼《しんかん》させた。二〇二三年四月には、岸田文雄首相に木村隆二（二十四歳）が爆発物を投げ込む事件が起きた。いずれの事件も、事件を引き起こしたのは、社会からさまざまなものを奪われた者だった。本稿では、このような事件が立て続けに起こる現代日本において、「無敵の人」が生まれる社会的背景と、その社会的処方箋について考えていきたい。

京王線刺傷事件を起こした服部恭太。京王線内で「ジョーカー」風の格好でタバコを燻《くゆ》らせた（ツイッター〔現X〕より）

「奪われている」感覚は相対的なもの

このような事件が起きたあとに、容疑者の不遇な人生が語られると、しばしば見られる反応として、「世界にはもっときつい人生を送っている人もいるのだ。衣食住の足りている日本のような国に住みながら、何の不満があるのだ！」というものがある。たしかに、世界の「最貧国」に分類される国々に住む貧しい人びとと比べれば、日本人が物質的に豊かであることは間違いない。このことは、日本に住む「無敵の人」といえども例外ではないだろう。

しかし、物質的な豊かさと個人が主観的に幸福と感じているか否かは次元の異なる話である。社会学では「相対的剝奪《はくだつ》」という概念がある。個々人の感じる幸福感は、その人が自らの考え方や行動を決める際の指針として準拠している集団（「準拠集団」と呼ぶ）との関係のなかで測られるものである。だから、傍《はた》から見てどれほど幸せそうな人でも、その人が自身の準拠集団に照らし合わせて「享受すべき幸せを奪われている」と感じていることもある（その場合、幸福感は低いものとなるだろう）。個人の感じる「剝奪」の感覚は「相対的」なものなのだ。

戦後日本を生きる多くの日本人にとって、幸福感の中心にあるものは「戦後家族」であった。夫は安定的な雇用を確保しており、妻は専業主婦として家事、育児に勤《いそ》しむ。マイホームとマイカーをローンで購入して、子どもを育て、老後は年金で暮らす。戦後の日本人は、そんな豊かな家族を夢見ながら、日々、懸命に励み、実際にその夢を叶《かな》えてきた。その夢のイメージは多くの映画やドラマ、小説やマンガに反映され、人びとの「幸せのかたち」に影響を与え続けてきた。

私は一九七六年生まれなのだが、物心ついたときには、その姿は当たり前のものとして描かれていた。毎週日曜日十八時三十分からはテレビで『サザエさん』（一九六九年〜）が放映されていたので、平凡ながらも温かい戦後家族の「小さな幸せ」の物語に接し続けてきたし、そこに至るまでの男女の恋愛の物語については、『私をスキーに連れてって』(一九八七年)や『東京ラブストーリー』(一九九一年)などの映画やドラマ(「トレンディドラマ」と呼ばれた)を夢中になって見ていた。大人になったら当たり前のように会社に就職して、恋愛をして、結婚をして、子どもをつくってと、そんな戦後家族の「幸せ」の物語が待っているのだろうと、ボンヤリと思っていた。

一九九〇年代から二〇〇〇年代、二〇一〇年代にかけて、日本経済の成長が鈍化し、雇用の流動性の高まり、非正規雇用の増加など、労働者をめぐる環境が変化していくなかで、こうした物語は、「みんなが享受できる物語」から「一部の人が享受できる物語」へと変化していった。バブル崩壊にはじまる「失われた三十年」は「総中流社会」という「ジャパニーズ・ドリーム」を終わらせた三十年でもあった。人びとは準拠集団(たとえば学生時代の同級生、地元の仲間、育児や仕事を通じたコミュニティなど)の内部で「勝ち組」と「負け組」に分断され、「負け組」は「勝ち組」に対して相対的剝奪の感覚を抱き続ける。そんな殺伐《さつばつ》とした光景が、「ポスト総中流社会」の日本には広がっていた。

問題は世界中で起こっている

ただし、このことを日本固有の問題と考えるのは間違っている。急激なグローバライゼーションの進行と新自由主義の台頭、それに伴う産業構造と雇用のあり方の変化、社会の二極化と格差の拡大という時代の流れには、多くの先進国が巻き込まれている。また、それに伴う「負け組」の相対的剝奪の感覚の強まりも、世界同時進行的なものである（だからこそ、『ジョーカー』は世界中で大ヒットを記録したのだろう）。

しかし、このことを、必ずしもマイナスに捉える必要はない。世界中で同じ問題が起こっているのだとすれば、解決しようとする試みも世界中で行なわれているはずである。

以下では、社会的処方箋として、「再チャレンジのできる制度の拡充」と「オルタナティブなライフスタイルを可能にする環境の整備」について見ていくのだが、それらは日本でのみ行なわれていることではなく、世界のさまざまな場所で、同様の取り組みが行なわれている（海外の事例のほうが先進的であったりもする）。ゆえに、適宜《てきぎ》、諸外国の取り組みについても触れつつ、見ていきたい。

処方箋①：再チャレンジできる制度の拡充

まずは、一つ目の社会的処方箋である、再チャレンジのできる制度の拡充について見ていこう。

人生のどこかで失敗して、思っていたような人生を生きられなかったとしても、やり直すことで思っていたような人生を取り戻すことができる。それがいわゆる「再チャレンジ」と呼ばれるものだが、制度に落とし込むと、就業支援制度を充実させるということになる。

終身雇用、年功序列に支えられる雇用システムの根付く日本が「再チャレンジしにくい国」であることは明白だろう。再チャレンジを可能にする就業支援制度に関しては、新自由主義の「先輩」たるアメリカに学ぶところが多い。だから、まずはアメリカでの取り組みを簡単に紹介したうえで、日本における課題を考えていく。

二〇〇八年に私が翻訳（共訳）したジョーン・フィッツジェラルドの『キャリアラダーとは何か　アメリカにおける地域と企業の戦略転換』（Fitzgerald, Joan 2006 *Moving up in the new economy: Career ladders for U.S. workers.* Cornell University Press ＝筒井美紀、居郷《いごう》至伸《よしのぶ》、阿部真大訳、勁草《けいそう》書房）という本は、原題を直訳すると、「新しい経済のもとで上昇すること。アメリカの労働者のためのキャリアラダー」となる。

つまり、グローバライゼーションのもとでの産業構造の転換を経た新自由主義的な「新しい経済」のなかで「上昇する」ためにはどうすればよいのか、そのための「キャリアラダー」の構築について書かれた本である。経済を取り巻く状況に関しては日本も共通することが多く、いまなお、学ぶところの多い一冊となっている。

この本を翻訳し、当時、アメリカにも調査で訪れ、支援者の方々に話を聞くなかで痛感したのは、そもそも日本とアメリカでは「仕事」というものの捉え方が大きく異なっていることだった。一言でいうと、日本は「メンバーシップ型」（業務内容が不明確で人に対して賃金が支払われる）、アメリカは「ジョブ型」（業務内容が明確で仕事に対して賃金が支払われる）である。キャリアラダーとは、仕事Aと（より賃金の高い）仕事Bとの間にハシゴ（ラダー）をかけて、その間を教育、訓練でつないでいくという就業支援の仕組みのことをいうのだが、それが、「メンバーシップ型」の職場より、「ジョブ型」の職場との相性のほうがよいことは、想像に難くないだろう。日本に多い「メンバーシップ型」の職場では、ラダーでつないでいく業務の切り出しが、アメリカと比べて難しいのである。

もちろん、日本の就業支援においても、「ジョブ」を遂行する能力を獲得するための教育、訓練のプログラムは行なわれている（介護技術やＩＴスキルの講習は日本中の自治体で行なわれている）。しかし、「再チャレンジ」の名に値するような仕事に関しては、同様のプログラムを組むことが難しいのが現状である。労働供給側（労働者）への働きかけだけでなく、より幅広い職種における「メンバーシップ型」から「ジョブ型」への移行を促すような労働需要側（企業）への働きかけが、再チャレンジを可能にする就業支援制度をつくっていくための「準備作業」として、求められている。

処方箋②：新たなライフスタイルの後押し

続いて、二つ目の社会的処方箋である、オルタナティブなライフスタイルを可能にする環境の整備について見ていこう。一つ目の社会的処方箋が、その人の考える「幸せのかたち」には手をつけずに経済的な上昇をめざすものだとすると、こちらは、その「幸せのかたち」そのものを見直していこうという方向性である。

先に見た就業支援とは異なり、思想の問題であるがゆえに、行政が中心になって推し進めるとなると批判も大きいだろう。しかし、草の根的に起こってきたムーブメントをエンカレッジするようなかたちで関与していくことはあってもよいのではないかと思う。

戦後家族的な「幸せのかたち」とは異なるオルタナティブなライフスタイルの追求として

は、たとえば、自らで所有する「マイホーム」や「マイカー」ではなく、複数の人で共有する「シェアハウス」「シェアカー」志向の強まり、「大都市に通勤するサラリーマンと郊外に住む専業主婦」に象徴されるような旧来の都市型のライフスタイルとは異なる価値観を志向する「地方暮らし」人気の高まりなどが、とくに若い世代を中心に広がっている。こうしたオルタナティブなライフスタイルの広がりは、人びとの準拠集団を緩《ゆる》やかにずらしつつ、相対的剝奪の感覚を緩和させる可能性をもっている。このような動きを邪魔せず、彼らが新しいライフスタイルを謳歌《おうか》できるような環境を整えていくことが、二つ目の社会的処方箋である。

オルタナティブなライフスタイルをサポートするためには、旧来の日本的な「世帯」単位での支援ではなく、多様なライフスタイルを許容するような支援が必要となってくる。その際、いち早く「個人」単位の社会保障制度を確立してきた北欧のモデルなどは参考になるだろう。二〇一七年にデンマークで社会的包摂に関わるさまざまな取り組みについての調査を行なったときには、「世帯」ではなく「個人」を支援の中心におく制度の徹底ぶりに、あらためて感銘を受けた。

翻《ひるがえ》って、たとえば現在、日本中で行なわれている自治体による「移住支援」の中身を見てみると、若い子育て世帯（もしくは将来、世帯をもつことになるだろう若い人）が「理想の移住者」として想定されていることが多いのに気づかされる。新しい人生をやり直そうとした中高年の単身者が移住しようとしたとき、自治体の支援メニューに「中学生以下の子どものいる世帯には○○円の補助金が出ます」とか「補助金は○○歳以下の人に限定します」といった文言を見つけた際にもつであろう「求められていない」感覚は、その人の移住をためらわせるのに十分な理由となる。

手っ取り早く高齢化に歯止めをかけたいという自治体の意図は理解できるが、もう少し、多様なライフスタイルへの寛容度があってもよいのではないだろうか。「メンバーシップをもたない中高年の単身者は地域の活性化に資することはない」という考え方自体、戦後家族的な価値観を前提としている。オルタナティブなライフスタイルの広がりを後押しするならば、「世帯」単位から「個人」単位へと、人びとをサポートする環境の前提そのものを変えていく必要がある。それは、「世間一般」とは異なるライフスタイルを志向するがゆえに生きづらさを抱える若者たちをサポートすることにもつながるだろう。

本当の「社会的包摂」を成功させるために

以上、「無敵の人」が再び生きる誇りをもつことができるように、再チャレンジを可能にするような就業支援制度を拡充する、もしくはオルタナティブなライフスタイルに新しい「幸せのかたち」を見出すことを可能にするような環境を整備するという、二つの社会的処方箋を見てきた。そのどちらか一方ではなく、社会的に排除された人がライフステージに応じていずれかを選択できるような社会が「社会的包摂」に成功している社会といえるだろう。

繰り返しになるが、冒頭に見たホアキン・ジョーカー＝「無敵の人」の問題は、（ヒース・ジョーカーの問題と異なり）社会によって対応可能な問題である。しかし、だからこそ、それを放置しているのは私たちの問題ともいえる。

かつて見田宗介《みたむねすけ》は、一九六八年に連続殺人事件を起こした永山則夫《ながやまのりお》に関する一九七三年の論文（「まなざしの地獄」）のなかで、永山のような「見すてられた人」を生み出してしまうことこそ、私たちの存在の「原罪性」であると喝破《かっぱ》した。さまざまな凶悪事件のかたちをとって現れる見すてられた人＝「無敵の人」の怨嗟《えんさ》の声を受け止め、対応していくこと。それこそが、私たちの社会がいま果たすべき責任なのではないだろうか。

第七章

政府公表「自殺者数減少」は真実か

末木　新

すえき・はじめ　和光大学教授。一九八三年、東京都生まれ。二〇一二年東京大学大学院教育学研究科臨床心理学コース博士課程修了。博士（教育学）、公認心理師、臨床心理士。現在は和光大学現代人間学部教授。第一七回日本心理学会国際賞（奨励賞）受賞。著書に『インターネットは自殺を防げるか』（東京大学出版会、第三一回電気通信普及財団賞受賞）、『自殺学入門』（金剛出版）、『「死にたい」と言われたら』（ちくまプリマー新書）など。

自殺者は減っているのか

このところ子ども・若者の自殺対策に関する話が世間を賑《にぎ》わしている。こども家庭庁の発足もあり、また、二〇〇六年の自殺対策基本法の公布・施行以来、中高年の自殺は着実に減ってきている「とされている」からである。

中高年の自殺が減っており、子ども・若者の自殺が増えているのであれば、子ども・若者

図1 年齢階級別の自殺死亡率

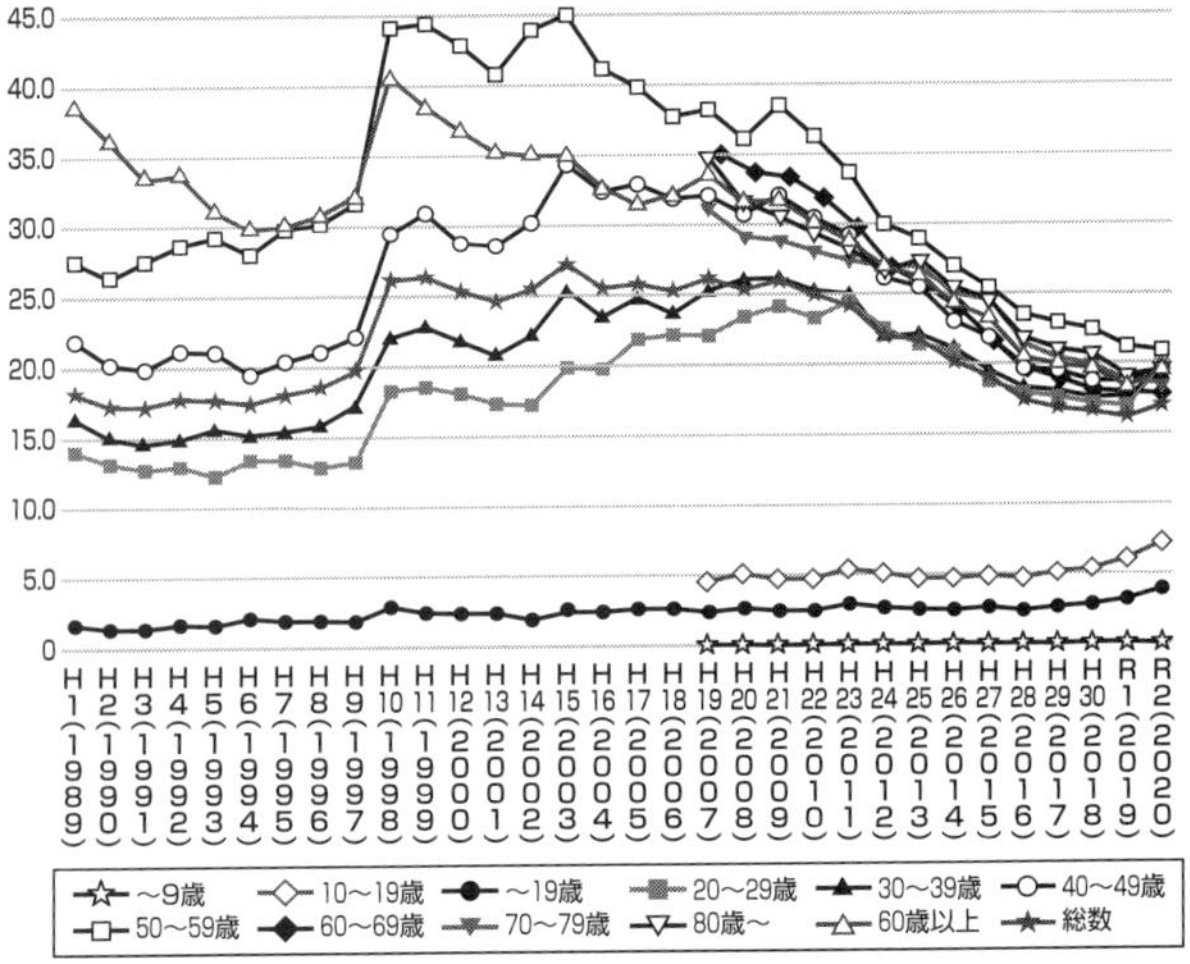

（令和3年版自殺対策白書より）

の自殺対策に注目が集まるのも当然のことではある。図1は、近年の年齢階級別の自殺死亡率の時系列的な推移を示したものであり、厚生労働省の自殺対策白書から引用したものである。

一九九七年の消費税増税、北海道拓《たく》殖《しょく》銀行や山一《やまいち》証券の破綻《はたん》に象徴される経済的混乱による自殺者の増加以降、しばらく自殺者三万人時代が続いていたが、二〇〇六年の自殺対策基本法の公布・施行以来、自殺対策は国家的な事業となり、自殺者数は着実に減少しているように見える。とくに、元来、自殺者のボリュームゾーンであった中高年の自殺率は、九八年の水準に比して大幅に減少し、自殺率についての世代間の差異はほぼ消滅したといっていいような状態になっている。

一方、子どもの自殺は元来稀《まれ》なものではあるものの、近年着実に増加をしており、二十代の若者の自殺も九八年の水準に比して減少したとは言い難いものとなっている。

そもそも「自殺」とは何か

やはり、（少なくとも中高年の）自殺は減っていると考えてよいのだろうか。結論を急ぐ前に、一つステップを踏みたい。

われわれが「自殺」だと思うような死に至ってしまう人の数がどうなっているのか、ということを考えるためには自殺と近縁にある死に方についても見ていかなくてはならない。というのは、自殺はその現象の特性上、死が生じたあとに、われわれが考えるところの「自殺」という現象であったか否かを判断することが困難な場合が多いからである。

一般にわれわれは、自殺とは、本人が「死のう」とか「死にたい」と考えたすえに起こした意図的な行動の結果だと考えているだろう。しかし、当人が死んだあとになってしまえば、そんな目的・意図・願望があったのかを直接聞くことはできない。もちろん、これらを明確に記した遺書のようなものがあればはっきりするのかもしれないが、遺書が見つかるケースは限定的であり、また、必ずしもそうした内容のものとは限らない。

つまり、そんな目的・意図・願望があったのか否かは遺された人間が推測するしかない場合も多く、その点で、ある死亡が生じた際にそれが自殺か否かの数字の計上はそれほど簡単なものではない。

たとえば、借金にまみれた者が多額の生命保険を自身にかけ、居酒屋で一杯飲んでから車で高速道路を運転し、事故を起こして死亡したとする。遺書のようなものが見つからなかったとしたら、これは自殺だということができるだろうか（身の上話を聞いていた居酒屋の大将が状況を察して、何も知らないと証言をしたとしたら？）。一人暮らしをしている人がさまざまな問題が重なったすえに困窮し、セルフ・ネグレクトのような状態になり、ライフラインが止まった部屋のベッドの上で横たわって亡くなっていて、遺書のようなものは見つからなかったという事案があったとしよう。これははたして自殺による死亡として計上すべきものであろうか。あるいはそうではないのだろうか。こうした死は、国民が健康で生きがいをもって暮らすことのできる社会を作るという自殺対策基本法の理念から考えて、対策の範囲に含めるべき問題であろうか。そうではないのだろうか。

図2 自殺と関連のある死因の時系列的推移

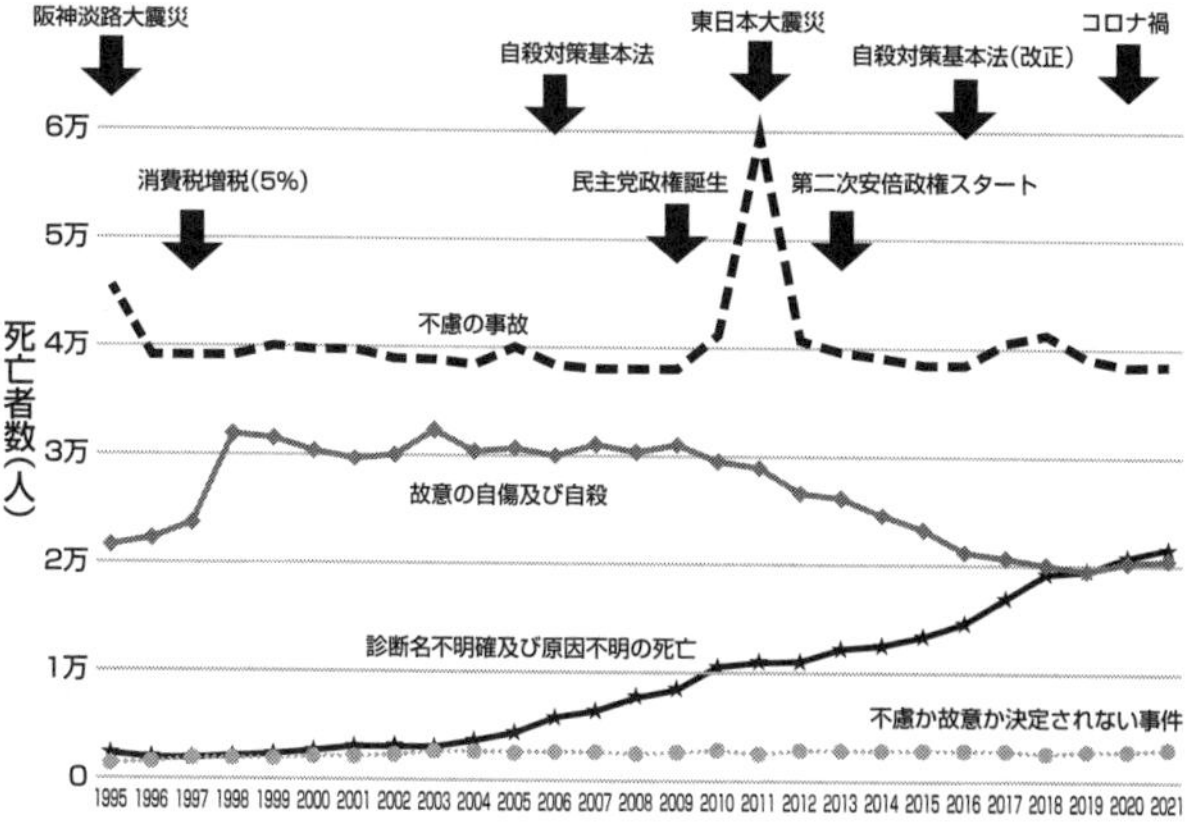

※ 国内では1995年より国際疾病基準ICD-10に準拠しているため、図は95年以降のもの

（人口動態統計より筆者作成）

原因不明の死亡者数は自殺より多い

とはいえ、そんな曖昧《あいまい》なことが本当に生じているのか、仮に生じているとしても、ごくごく稀な話なのではないかという疑問を読者諸賢は思い浮かべることであろう。

では、こうした曖昧な死は、この国でどれだけ発生しているのであろうか。図2は、人口動態統計における自殺と関連のある死因（故意の自傷及び自殺、診断名不明確及び原因不明の死亡、不慮《ふりょ》の事故、不慮か故意か決定されない事件）の時系列的推移を示したものである。この図を見ると、二〇〇〇年を過ぎたころから診断名不明確及び原因不明の死亡が増加をし始め、二〇一九年には故意の自傷及び自殺の発生件数を上回っていることが見てと

図3 世代別の全死亡者数に占める各死因の割合

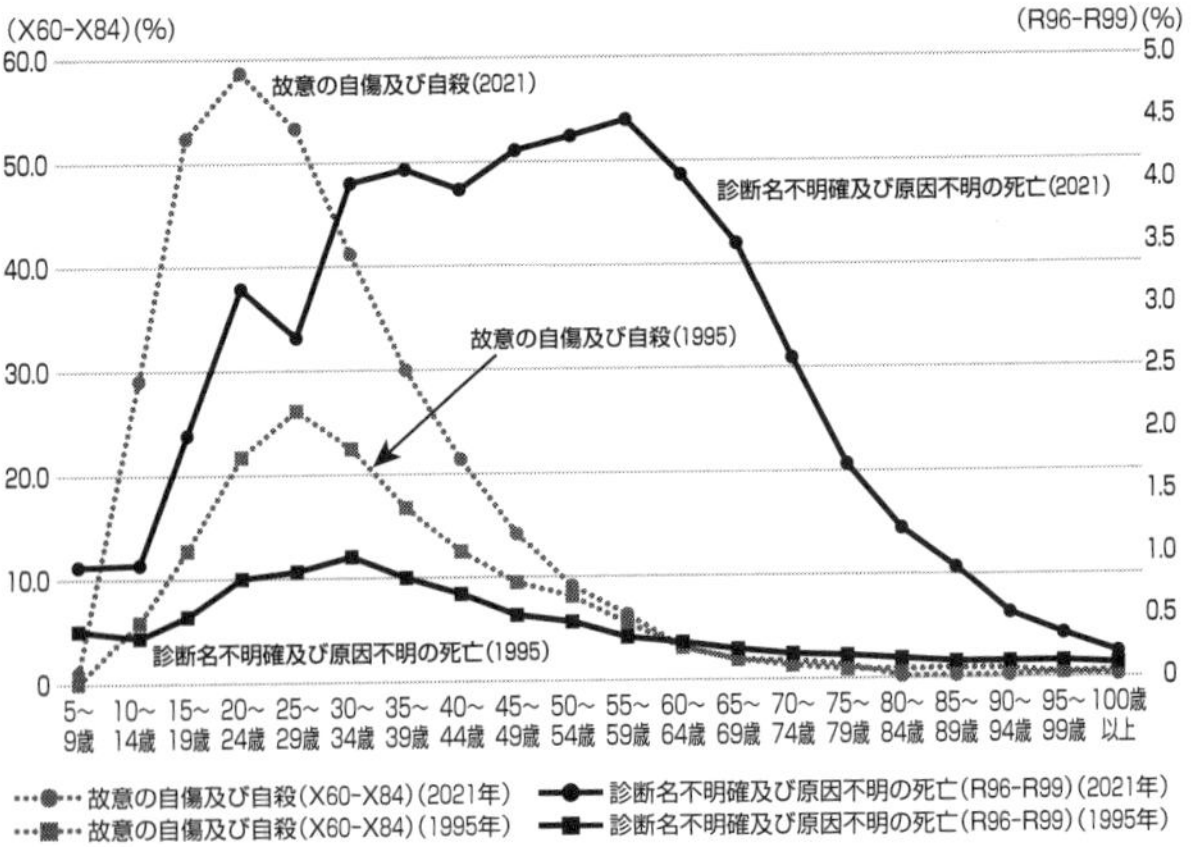

(人口動態統計より筆者作成)

れる。原因不明とされる死はすでに統計上の自殺の数と同等か、それ以上に発生していることとなる。

それでは、どのような者の死が原因不明とされるようになったのであろうか。図3は、原因不明の死がほとんどないとされていた一九九五年とデータ分析が可能な直近の二〇二一年のデータを比較し、各世代で発生した死のなかで、自殺や原因不明とされる死がどの程度の割合であったのかを示したものである。

これを見ると、原因不明とされる死が少なかった一九九五年時点では、二十～三十代を中心に、その世代で生じていた死の一％弱が原因不明の死と分類されていたようである。しかし、現在では原因不明の死が自殺の数を上回るようになっており、二〇二一年では、三十～六十代の死亡の三～四・五％ほどが原因不明の死とされるようになっている。もちろん、原因不明とされる死の発生割合はあらゆる年齢の死亡においてその割合を増加させているが、奇《く》しくも、自殺が減ったとされる中高年において、もっともその増加割合が多くなっているのである。

念のため記しておくが、現在手元で分析可能な限られたデータから、筆者は原因不明の死がすべて自殺なのだとか、見かけ上の自殺者を減らすために原因不明の死を「誰か」が増やそうとしたのだ、などという暴論や陰謀論《いんぼうろん》を主張しているわけではない。仮に、そんなことが起こっているとすれば、原因不明の死が多い地域では自殺が少なくなるような明確な傾向が見られそうなものであるが、そこまでのことは生じていない。

次のページ図4は、原因不明の死の発生率が高まってきた近年（二〇一五－二〇二一年）の都道府県別の自殺と原因不明の死の発生率の相関関係を男女別に視覚化したプロット図である。この図を見ると、確かに原因不明の死の多さと自殺の多さの間に緩やかな負の相関があるように見える。

もちろん、この図4だけから自殺が原因不明の死に置きかわっているなどということを主張しているわけではない（とはいえ、自殺者数が過少報告されている可能性は疑うべきであろ

図4 地域別の原因不明の死亡と自殺の発生率

男性（2015-2021年）

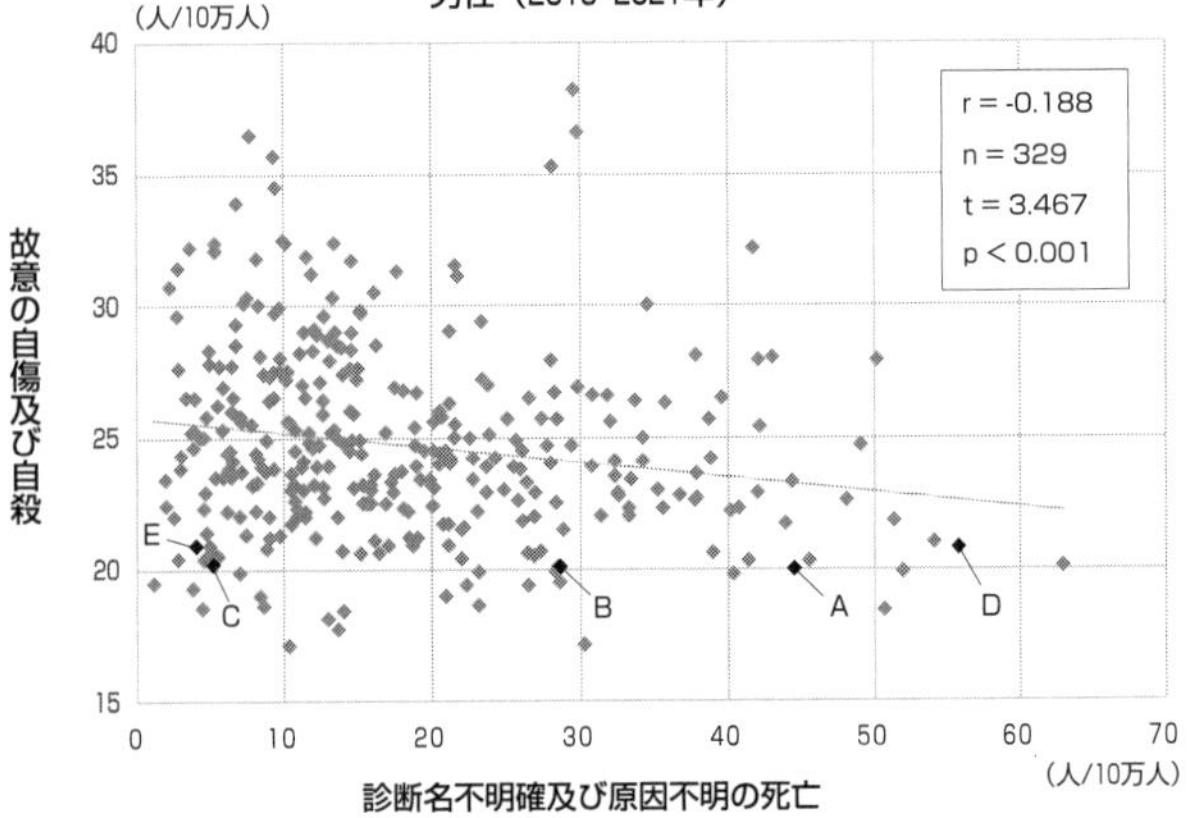

A：埼玉2021年　B：東京2021年　C：神奈川2021年　D：愛知2021年　E：奈良2021年

女性（2015-2021年）

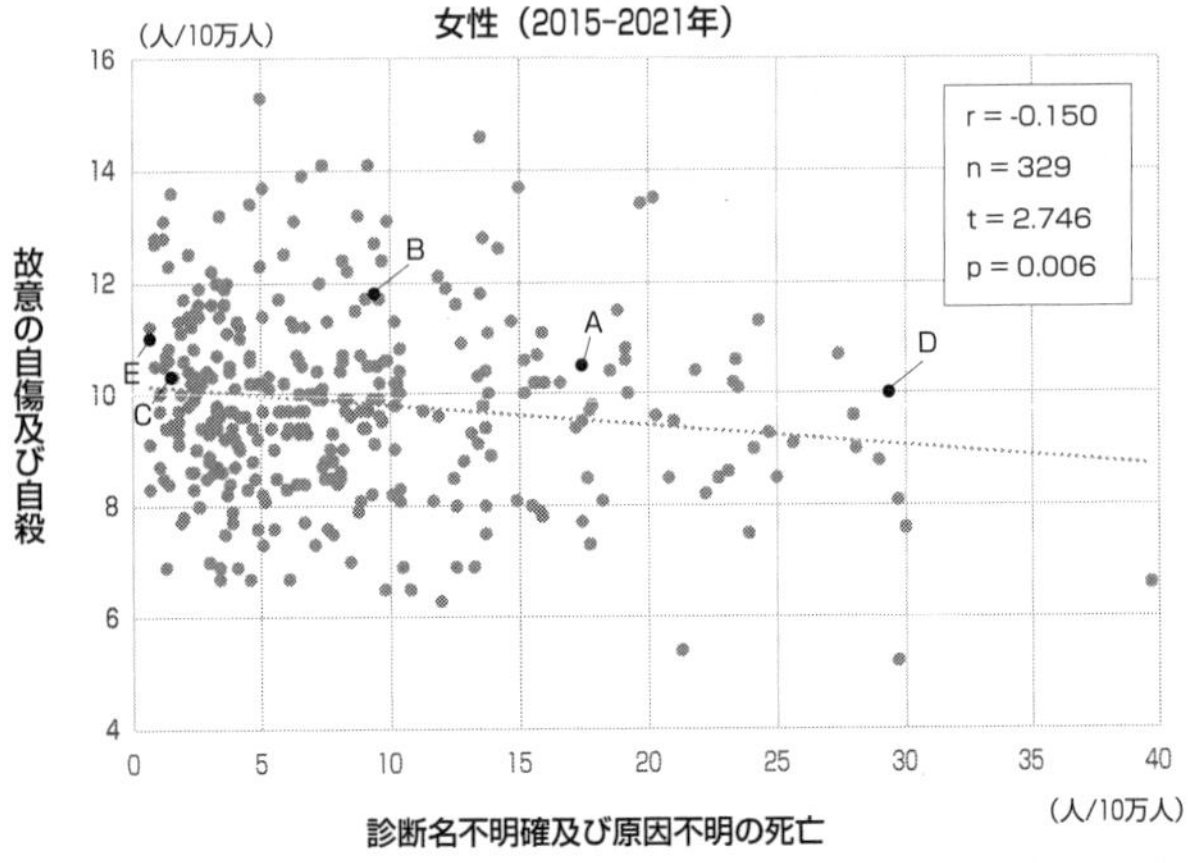

A：埼玉2021年　B：東京2021年　C：神奈川2021年　D：愛知2021年　E：奈良2021年

（人口動態統計より筆者作成）

う）。むしろ、この図から明らかに言えることは、地域によって原因不明の死が計上される割合が大幅に異なるということである。たとえば、東京を挟んで南の神奈川県では原因不明の死は三・三人（／一〇万人）しか計上されていないにもかかわらず、北の埼玉県では三一人も計上されており、その差は9倍にもなる（二〇二一年のデータ）。

もっとも大きな差がある愛知県と奈良県とでは一六倍もの差になる。埼玉は神奈川に比べて、九倍も原因がわからないまま人が死ぬなどという馬鹿な話はないわけで（埼玉には凄腕のヒットマンがわらわらと存在するという可能性もゼロではないが……）、これは、死の分類に際して大幅な地域差が存在していることを示している。

自殺は「明確」な存在になる必要がある

現状では、少なくとも筆者は、なぜこれほどまでに原因不明とされる死が計上されるようになったのか、という問いへの明確な答えは持ち合わせていない。地域警察協力医として異状死の検案を手掛ける岡野敏明医師によると（岡野敏明「自殺死亡率は本当に減少しているのか、地域の検案医の立場から見た現状」『自殺予防と危機介入』二〇一九年三九巻一号）、生命保険や軌道事故における損害賠償などの経済的利害関係の問題や遺族感情などから、警察による自殺認定に際しては遺書等の物的証拠の有無がますます重要となっているということである。

つまり、自殺を認定したことに関わる訴訟リスク等を回避するために、明確な証拠がなければ自殺認定に消極的にならざるを得ないことが、原因不明の死が増える原因の一端ではないかという指摘である。

この指摘を裏付けるように、一九八二〜九四年まで二一・四〜二五・七％であった自殺死亡における遺書の存在率は、二〇〇〇年ごろから上昇をし、二〇〇六年には三二・五％にまでなっていた（表1参照）。常識的には、人びとが自殺に際して遺書を書いてわかりやすい場所に置いておくようになったとは考えづらく、また、増え続ける死者の数を考慮すれば、一件一件を丁寧に捜索《そうさく》するようになったから遺書が発見される割合が上がったとも考えづらいだろう。

つまり、遺書のような明確な証拠がないケースが自殺と計上されなくなったために、遺書の存在率は上昇したのであろう。なお、残念ながら、二〇〇七年には検視・死体調査により遺体の死因を自殺と判断したケースについて作成される自殺統計原票が改正されたこともあり、その後の遺書の存在率については警察の自殺統計において公表されていないので不明である。

前記で言及した二〇〇七年の自殺統計原票の改正では、自殺の原因・動機の判断において、「遺書」「自殺サイト・メール等書き込み」「その他の生前の言動（これを裏付ける資料がある場合）」のいずれかがあった場合、明らかに推定できる原因・動機を自殺者一人につき三つまで計上可能ということになった。この変更は、自殺の詳細を分析し、その結果を対策に役立てるためのものであったが、自殺をより曖昧ではないものとしなければならないという圧力を生み出したのかもしれない。

この制度改正から、逆に、原因・動機が「不詳」とされた場合には、上記のいずれも存在

表1　自殺における遺書あり率と動機不詳率の経年変化

年	遺書あり率	動機不詳率
1982～1994	21.4～25.7%	
1995	24.8%	
1996	24.6%	
1997	25.5%	
1998	27.3%	
1999	27.9%	
2000	30.3%	
2001	29.4%	
2002	29.6%	
2003	30.2%	
2004	32.3%	
2005	31.8%	
2006	32.5%	
2007		29.9%
2008		27.2%
2009		25.6%
2010		25.6%
2011		26.3%
2012		26.0%
2013		25.8%
2014		25.2%
2015		25.2%
2016		25.6%
2017		25.3%
2018		25.4%

（警察庁自殺統計より筆者作成）

しないケースであったということがわかる。それでは、動機が「不詳」な（遺書や自殺サイトへの書き込みや、自殺を示唆《しさ》する生前の言動がない）自殺はどの程度存在するのであろうか。表1はその割合を時系列に並べたものである。改正があった二〇〇七年ごろを除けば、それ以降はおおむねこれらの根拠のない自殺は全体の四分の一になっていることが見てとれる。二〇〇六年以前は遺書のある自殺のみ動機の分析が行なわれ、全体の四分の一だけが動機のわかる自殺であった。一方、二〇〇七年以降は、逆に、動機のわからない自殺が全体の四分の一となり、四分の三の自殺は動機のわかる自殺となった、ということである。

現在の全国における遺書の発見率のデータは公表されておらず不明であるが、二〇〇六年よりやや上がって三五％程度だと想定すると、以前の緩やかな自殺認定基準（遺書存在率二五％）であれば、現在の基準（遺書存在率三五％）で二万人とされる自殺者数が二万八〇〇〇人程度（＝二〇〇〇〇×〇・三五÷〇・二五）は計上されることとなる。こうなると、随分と自殺対策の評価も変わってきそうなものであるが、もちろん、これらは仮定のものにすぎない。いずれにしても、死因分類の現状については、より詳細な検討とデータの開示が必要であろう。

〈解決策〉自殺死亡以外のモニタリングを

医療はもとより、政治の領域においてもエビデンスの活用の重要性が指摘されて久しい。自殺対策においても、もっとも重要な結果である自殺死亡の発生状況をモニタリングしながら政策を考えていくことが重要であることは論をまたない。しかしながら、それは死因の分類が適切に実施され、われわれが知りたいところの「自殺」の発生状況を正確に把握できていることが前提となる。はたして、死因の分類は適切に実施され、われわれが知りたいところの「自殺」という現象の発生状況を、きちんと把握することができているのであろうか。

これだけ原因不明の死亡が増えており、地域によってその発生率が一〇倍以上も異なっているという現状を考慮すれば、自殺対策について考えるに際しても、自殺死亡だけをモニタリングするのではなく、他の指標も参考にしながら、政策を考えていく必要があるだろう。少なくとも、自殺と近縁の死の増減については、注視していく必要がある。

統計の数字の上で、地域の自殺は減っているものの、それ以上に（とくに中高年の）原因不明の死が増えているとすれば、自身の政治／政策が上手くいっていると胸を張れる首長はいないであろう（原因不明の死が、われわれの考えるところの「自殺」であろうとなかろうと）。

第八章

差別と偏見に苦しむヤングケアラー

濱島淑恵

はましま・よしえ　大阪公立大学准教授。一九八九年、大阪府立北野高等学校卒業。九九年、日本女子大学大学院博士課程後期満期退学。二〇一七年三月、金沢大学で博士（学術）を取得。家族介護に関する研究に取り組み、一六年に全国初の子どもを対象としたヤングケアラーに関する質問調査を実施した。二〇年度、二一年度は国による全国調査に携わり、二一年度には大阪市とともに中学生を対象とした実態調査を実施した。一九年に現・元ヤングケアラーたちの集い「ふうせんの会」を有志とともに立ち上げ、活動を続けているほか、神戸市こども・若者ケアラー支援アドバイザー等を務める。著書に『子ども介護者』（角川新書）がある。

独り歩きする「ヤングケアラー」の定義

ここ数年、「ヤングケアラー」という言葉がよく使われるようになったが、誤った理解も多いように感じる。これはヤングケアラーとその家族を追い込み、始まりつつある支援も、意味のないものに変えてしまう可能性すらある。

本稿では、まずはヤングケアラーの定義について整理し、今後の支援においてメディアや企業の果たす役割について考えたい。

ヤングケアラーの定義は誤解されていることが多い。長年、ヤングケアラーに関する活動に取り組んできた日本ケアラー連盟では、「家族にケアを要する人がいる場合に、大人が担《にな》うようなケア責任を引き受け、家事や家族の世話、介護、感情面のサポートなどを行っている、十八歳未満の子ども」という定義を示している。

また、厚生労働省が二〇二二年三月に示した「ヤングケアラー支援体制強化事業実施要綱」では、「一般に本来大人が担うと想定されている家事や家族の世話などを日常的に行っている児童」とし、さらに若者世代への支援も重要としている。しかし、日本において、正式な定義が決まっているわけではない。

そこで、早くからヤングケアラーに関する取り組みを行なってきたイギリスの定義は大いに参考になる。「子どもと家族に関する法律２０１４」(Children and Families Act 2014) では、ヤングケアラーを「他の人にケアを提供している、または提供しようとしている十八歳未満の者（ボランティアまたは契約に基づく者を除く）」としている。また、国勢調査（Census）では、「慢性的な身体的、精神的疾患、障がい、または高齢に関連する問題のために、家族、友人、近隣の人やその他の人に無報酬のケアを提供している十八歳未満のこどももまたは若者たち」としている。イギリスの定義をみると、インフォーマルな関係にもとづき、障がいや病気、高齢者や幼い家族のケアをしていることどももまたは若者を指していることがわかる。

ここが誤解されやすい点であるが、イギリスでは、親が仕事で忙しく、上の子が下の子をみている、というケースはヤングケアラーに含まれない。障がいや病気を有する、（単に年下ということでなく）幼いため、高齢であるためにケアが必要な状態である、言い換えれば「スペシャルなニーズを有する者へのケアを担っている」ということがポイントになる。この点が曖昧なまま言葉だけが独り歩きしてしまったことが、誤解を生み、各地域の実態調査や施策において混乱を招いている感がある。むろん、親が忙しく、年下のこどもをケアしているケースでも負荷が大きい場合はある。どこで線引きをするかは、今後、データの蓄積、分析を通して決められるべきである。

スペシャルなニーズを有する家族のケアという前提条件を除くと、膨大な数のヤングケアラーが存在することになる。そのために、一部には「ケアの程度」で線を引こうとする（過度なケアを担っている場合のみをヤングケアラーとする）動きもみられるが、施策の都合でヤングケアラーの意味をゆがめることは避けるべきである。たとえば、家族介護者という大人のケアラーのことを指す言葉があるが、担っているケアの量や質にかかわらず、介護をしている家族はみな「家族介護者」と呼ぶ。ヤングケアラーもそれと同じであり、「こども介護者」、「若者介護者」を英語で表現しただけである。

また、それほどケアの負荷が大きくなっていなくとも、障がいや病気を有する家族がいるだけで、家族への心配、自分の将来への不安、誰にも話せない孤独等があり、それが成長途中のこども、若者に与える影響は計り知れない。安易にケアの時間の長さ等で負荷の多寡《たか》を判断し、ヤングケアラーか否かを区別することは適切ではない。むろん、施策を検討する際、支援対象を設定する必要は生じてくるが、定義はそのままで、支援対象をケアの程度等で絞り込むとよい。

なお、年齢については、イギリスでは十八歳以上の場合はヤング・アダルト・ケアラーと呼ぶことが多く、日本でも最近は「若者ケアラー」という言葉も出てきている。若者という進学、就職など人生の重要な時期にケアが重複すると、人生に大きな影響を及ぼす。支援の必要性については厚生労働省も指摘しており、若者世代を含めて支援する自治体も複数ある（神戸市は二十代まで、兵庫県は三十代前半まで）。

実態調査から見えるヤングケアラーの現状

ヤングケアラーの実態調査は、二〇一六年に筆者らが大阪で実施した調査が最初になるが、二〇二〇年度、二〇二一年度には厚生労働省が全国調査（小六、中二、高二、大学三年対象）を実施した。いずれの調査でも、ヤングケアラーの存在割合は約四～六％となり、日本にも一定の規模でヤングケアラーが存在していることが示された。その後、各地方自治体で調査が実施されているが、その数値はまちまちで、調査対象となったこどもの三分の一がヤングケアラーであるという結果になったところもある。これは、前述したスペシャルなニーズを有する者のケアという条件が曖昧である、すなわち普通のお手伝いをしているこどもが多分に含まれているためと推測できる。

さて、課題はあるものの、実態調査を通じてヤングケアラーの現状が明らかになってきた。ケアの相手は、きょうだい、母親、祖母が上位に挙がりやすく、父親、祖父、その他（姪《めい》、甥《おい》、おじ、おば等）もある。ヤングケアラーの年齢が低いほうがきょうだいの割合が高く、ヤングケアラーの年齢が上がってくるときょうだいの割合が少し減り、その分、祖父母の割合が増える傾向がみられる。

状態像については、祖父母は身体的機能の低下、認知症、病気等が多く、父母については、障がいや病気が多いが、特に母親は精神疾患、精神障がい、父親は依存症を有するケースが他よりも多い傾向がみられる。なお、筆者らが大阪市とともに二〇二一年度に実施した大阪市の中学生を対象とした調査では、母親のケースの約二割が外国ルーツであった。外国ルーツのヤングケアラーも一定数いると考えられる。

ケアの内容は、見守り、話し相手、きょうだいの世話等が多く、家事、外出時の付き添い、感情的サポート（なぐさめる、なだめる、怒りやイライラを受け止める等）もよく挙がるケアである。それ以外に、上位には入らないが、身体的な介助、医療的なケア、夜間のケアを担っている者もいる。ヤングケアラーのケアは日常的なお手伝いに似たものが多いが、高度なものもあり幅広い。なお、お手伝いのようなケアであっても、軽視はできない。

家事は毎日のことであり、こどもがするには高度で、時間もかかる。また、認知症の祖父母の見守り、精神疾患で不安の強い母親の話し相手をすることは、緊張も高く、長時間に及ぶ。心身の疲労を招き、こどもがよく学び、よく遊ぶこと、十分な睡眠をとること等を難しくする。

現在、ケアを担うことによる負の影響についての指摘は数多くみられる（ヤングケアラーは主観的健康感が低い、精神的苦痛の点数が高い等)。また、実態調査では、遅刻、欠席、授業中の居眠りが多いといった学業面への影響も示されている。

成長途中に担うケアは生涯にわたる不利を生じさせる。「お手伝いだから良い」ではなく、スペシャルなニーズを有する家族がいるなかで行なうお手伝いは、こどもや若者の健康、生活、人生に及ぼす影響が大きい。これはこどもや若者の権利の問題であるだけでなく、社会にとっても大きな損失となることを理解する必要がある。

国、地方自治体によるヤングケアラー支援体制

現在、国はヤングケアラーの支援に関わる複数の補助事業を手掛けている。⑴ヤングケアラー支援体制強化事業(①ヤングケアラー実態調査・研修推進事業、②ヤングケアラー支援体制構築モデル事業)、⑵ヤングケアラー認知度向上のための広報啓発、⑶ヤングケアラー相互ネットワーク形成推進事業、⑷市町村相談体制整備事業、⑸子育て世帯訪問支援臨時特例事業(家庭を訪問し、家事、育児の支援を行なう)を行なっている。⑷、⑸はヤングケアラーに特化したものではなく、こどものいる世帯全体への支援事業である。

そして、現在、ヤングケアラーはこども家庭庁が取り組む事項として位置付けられてい

る。こどもに関わる問題であること、きょうだいの世話をしているヤングケアラーが多いことを踏まえ、児童福祉領域での取り組みを強化していることがうかがえる。

短期間でこれだけの事業を立ち上げ、進めた点は、高く評価されるべきであろう。ただし、先述したようなスペシャルなニーズを有する者をケアするこども、若者がヤングケアラーであるということを踏まえると、きょうだいの世話に重点を置くことに不安を感じざるを得ない。

また、こどもがケアをする背景には、ケアを要する家族やそれをケアする大人のケアラーの問題が存在しており、児童福祉領域での取り組みのみでは、不十分である。障がい者福祉、介護・高齢者福祉、貧困対策、孤立・孤独対策など多領域での取り組みを進める必要がある。

なお、障がい者福祉、介護保険の領域では、厚生労働省はヤングケアラーがいる家庭へのサービス利用に配慮すること等を盛り込んだ事務連絡を示している。これはヤングケアラー支援に必要不可欠な点であり、確実に実施されることを期待したい。

自治体でも、さまざまな取り組みが始まっている。実態調査や、周知・啓発のみならず、ヤングケアラー支援もしくはケアラー支援として条例化した自治体、相談窓口の設置、ピア

中高生のヤングケアラーが、「ふうせんの会」でくつろぐ様子

サポート支援体制を整えた自治体等がある。

筆者が暮らす関西圏では、神戸市がヤングケアラーの専門窓口を「子ども・若者ケアラー相談・支援窓口」として全国に先駆けて設置したほか、大阪市は区の子育て支援室を相談窓口として位置付け、既存の課題を抱えるこどもと家庭の支援ネットワークを活用した仕組みを構築している。また、兵庫県は県の社会福祉士会に委託《いたく》し、県全域に窓口を設けられるよう工夫した。

さらに、ヤングケアラー支援を行なう民間団体も増えてきている。たとえば、筆者が関わっている「NPO法人ふうせんの会」は、元・現役ヤングケアラーの当事者団体として活動をスタートし、現在は大阪市のヤングケアラーを対象とした寄り添い型相談支援事業を行なっている。元ヤングケアラーによる相談、中高生ヤングケアラーのオンラインサロンなど多様な支援を行なっている。

ただし、このような取り組みも、地域差がある。また事業をスタートしたもののヤングケアラーが相談窓口や支援団体につながらないという課題を抱えるところは多い。さらなる展開が期待される。

メディアはヤングケアラーのエンパワーメントを

ヤングケアラーという言葉の普及において、メディアの果たした役割は大きい。筆者はイギリスのヤングケアラー支援団体の代表に、「広めたいならメディアの力を使え」と何度も言われてきたが、調査研究を行なっても何も変わらない現実を体験してきた身としては、その影響力には感銘を受けた。ただし、メディアの報道がヤングケアラーの偏ったイメージにつながっているという面も否めない。

ヤングケアラーは「一日中ケアをしていて、深刻な状態にあるこどもたちである」というイメージがあり、そこまでの状態ではないとヤングケアラーとみなされないこともある。また、殺人事件や虐待事例をヤングケアラーと結び付け、こどもが「ヤングケアラー化している」「ヤングケアラー状態になっている」などの表現もみかける。たしかに重複しているケースはあるが、決してイコールではない。ネガティブな意味合いで用いられることにより、ヤングケアラーとその家族は深く傷つき、偏見、スティグマに苦しんでいるという話を現場からは聞く。結果として、彼らはより一層、見えにくくなっていると言っても過言ではない。

しかし、筆者が取材を受けるメディア関係者を見ると、悪意をもっているわけではなく、ヤングケアラーとその家族には繊細な配慮が必要なことが多い、という点への理解と配慮が不足しているように感じる。報道とは、本来、社会の片隅で埋もれそうになっている人びとに光を当て、力を与えるものだと筆者は理解している。

彼らが隠れたくなるような報道ではなく、自分の価値を信じることができ、社会の一員として生きる勇気をもらえるような、彼らのエンパワーメントにつながる報道を期待したい。

企業が果たす役割は多種多様

ヤングケアラー支援においてじつは企業の果たせる役割は多々ある。ヤングケアラーが担うケアは公的なサービスではカバーできないものが多い。家事、買い物、見守り、育児、介護、外出介助等、福祉ビジネスや社会貢献活動でも手掛けうるサービスである。

お弁当の宅配もニーズが高い。ヤングケアラーからは、（ケアや家庭からちょっとだけ離れられるよう）プチ家出ができる駆け込み寺的な場所がほしかった、入学前後にまとまったお金を用意することが大変だったなども聞く。ケアをしながらアルバイトもしているケースは多く、奨学金など経済的支援があれば、アルバイトの時間を自分のために回すことも可能になる。

また、バーベキューや工作クラブ等楽しいプログラムを提供するレスパイト（小休止）事業や交流事業などは民間団体が始めてはいるものの、まだ数は少ない。民間団体に財政的な支援を行なうことも非常に有効である。

さらに言うと、（元）ヤングケアラー、若者ケアラーの社会参加、雇用という点では、企業の理解、協力が不可欠である。本稿ではケアによるマイナス点を中心に述べたが、ケアをすることで彼らはさまざまなことを考え、学び、身につけている。その価値を理解し、彼らに社会人への扉を開いてほしい。

第九章

若手社員が辞めない職場とは

古屋星斗

ふるや・しょうと　リクルートワークス研究所主任研究員。一九八六年、岐阜県生まれ。二〇一一年、一橋大学大学院社会学研究科総合社会科学専攻修了。同年、経済産業省に入省。産業人材政策、投資ファンド創設、福島の復興・避難者の生活支援、「未来投資戦略」策定に携わる。二〇一七年四月より現職。一般社団法人スクール・トゥ・ワーク代表理事。著書に『ゆるい職場』（中央公論新社）がある。

労働時間が減少し、有給休暇取得率は上昇

「若手との接し方、どうすれば良いのかわからない」「自分が若手の頃と違いすぎる」「若手が何も言わずに突然『転職します』と言ってくる」。企業の管理職の方々と話していて、こうした意見を聞かないことはない。いつの時代も若者は、社会で奮闘している先達《せんだつ》からは簡単に理解されない存在である。ただし、現在の状況はこうした「Z世代は……」「最近の若

者は……」といった「若者論」の範疇《はんちゅう》で完全に理解することはできない。なぜならば、近年、若者側以上に職場側が変わったからである。この職場の変化は「雰囲気や空気感が変わった」などという曖昧なものではなく、職場運営に係《かか》る法律が変わったという極めて社会的・構造的なものだ。

たとえば、二〇一五年に若者雇用促進法が施行され、採用活動の際に自社の残業時間平均や有給休暇取得率、早期離職率などを公表することが努力義務となった。二〇一九年には働き方改革関連法により、労働時間の上限規制が大企業を対象に施行された（中小企業は二〇二〇年から）。さらに二〇二〇年には、パワハラ防止法が大企業で施行された（中小企業では二〇二二年から）。この動きを筆者は「職場運営法改革」と呼んでおり、二〇一〇年代中盤以降に本格化した。

結果として、たとえば労働時間は減少しており、とくに若手で顕著である。二〇一五年の大手企業の大卒以上若手社員（入社一～三年目）では四十四・八時間であった平均週労働時間は二〇二二年には四十二・四時間へと減少し（次のページ図1）、仮に一日あたり八時間が規定内労働時間とすれば、残業時間は週四・八時間から週二・四時間へと短期間でじつに半減の水準となった。若手の有給休暇取得率も急速に上昇している。有給休暇を年間五〇％以

図1　若手社員の労働環境の改善

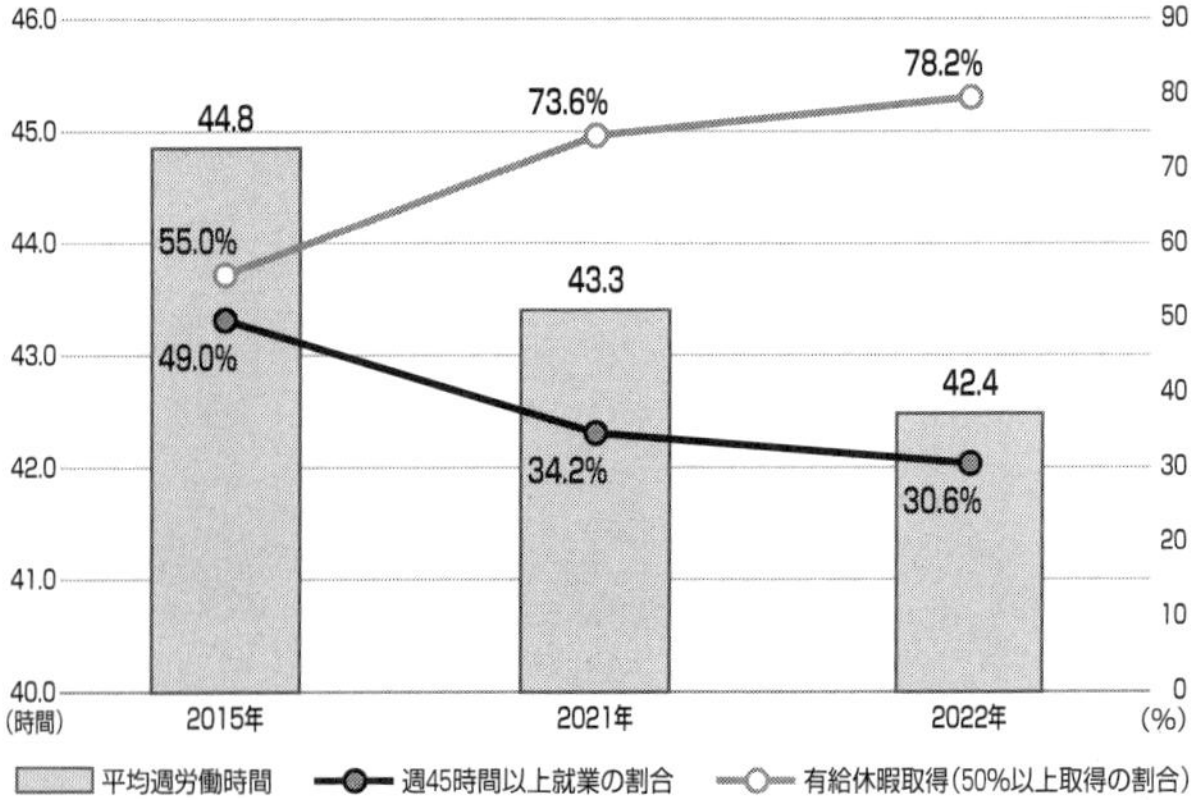

出所：リクルートワークス研究所「全国就業実態パネル調査」（2016〜2023年）

上取得できた者は、二〇一五年の若手では五五・〇%だったが、二〇二二年には七八・二%へと〝別の国になったかのような速度で〟向上しているのだ（リクルートワークス研究所「全国就業実態パネル調査」二〇一六－二〇二三年）。

もちろん、こういった労働環境改善は素晴らしいことだ。ムダな残業、理不尽な指示によって若手を食い潰《つぶ》すような企業を存続させてはならない。重要なのは、こうした職場環境の変化（暫定的《ざんていてき》に「ゆるい職場」と呼んでいる）が「不可逆な変化」である可能性が高いことだ。若者を使い潰すような企業の姿勢に起因する許されざる事件を社会が看過することはなくなった。その結果として法律が改正されているのだ。

会社に不満はないけど不安がある

近年の職場運営法改革による職場環境の好転に伴い、若手の職場への認識も好転している。たとえば、「休みがとりやすい」に対して「あてはまる」と回答した大手企業新入社員の割合は、三八・〇％（一九九九－二〇〇四年卒）から六一・三％（二〇一九－二〇二一年卒）へと大きく向上している（古屋星斗『ゆるい職場――若者の不安の知られざる理由』中央公論新社。以下とくに注釈がない場合はこちらより引用）。

結果、会社への評価も向上した。初職の会社への評価点（一〇点満点）は、入社年を追うごとに肯定的になっている。一九九九－二〇〇四年卒では六点以上は三三・七％にすぎなかった。一方で二〇一九－二〇二一年卒では、一〇点をつけた回答者が四・八％、六～九点をつけた回答者が四三・八％と、合わせると六点以上が四八・六％と半数近くに上っている。

ただ、「労働環境が良くなって、若手も会社のことが好きでハッピー」では終わらないことは読者諸氏も強く感じているだろう。若手の離職率を十年スパンで見ると、二〇〇九年卒の二〇・五％から二〇一九年卒の二五・三％へと上昇している（厚生労働省調査、三年未満離職率、大学卒以上・大手企業）。

ここで、若手社員たちが自らのいま置かれた状況をどう認識しているのかを見ていく。じつは、職場環境は好転しているにもかかわらず、ストレス実感は減少していない。「不安だ」とする回答者は二〇一九－二〇二一年卒では七五・八％に上っている（一九九九－二〇〇四年卒が新入社員だったときの六六・六％や二〇一〇－二〇一四年卒の七〇・一％と比較して高い）。

この「不安」という要素について、現在の新入社員に掘り下げて質問をした。たとえば、「自分は別の会社や部署で通用しなくなるのではないかと感じるか」という質問に対して「そう思う」と回答した者の割合は、現在の新入社員の四八・九％に及んだ。

若手を育成する力の低下

筆者は、若手の能力や期待に対して仕事の負荷が著しく低い職場を「ゆるい職場」と呼称している。そして、職場環境が大きく変わったあとにおける若手の職業生活における不安の高まりを「キャリア不安」と呼んでいる。その背景にあるのは、終身雇用、終身一社という幻想がなくなったあとの労働社会でどう生きるのかという問いだ。昔の、といっても十年ほど前までの日本においては、会社、とくに大きな会社に入れば職業人生の安心・安全を会社がある程度保証してくれるという認識が一般的だったように思う。

しかし、現代の大手企業に入社する新入社員のうち、その会社に定年まで勤めるイメージがあるのはじつに二〇％程度にすぎないという調査もある。「自分もいつかは転職するのだ」という気持ちのなかで、「この仕事を続けて本当に大丈夫なのか？」と感じることが、キャリア不安の根っこにある。

実際に若手社員から、「居心地は良いが、このままだと社外で通用する人間になるために何年かかるのかと焦る。何か自分で始めたりしないと、まわりと差がつくばかりなのではないか、このままではまずいと感じている」と、これに類する声を本当によく聞くのだ。こうした若者のキャリアへの焦燥感《しょうそうかん》を、経営や人事に携わる上の世代がどの程度つかめているだろうか。

なお、この観点から分析すると、職場に対するキャリア不安が短期的な離職意向につながっていることが見えてくる。職場のことを「ゆるいと感じる」か「ゆるいと感じない」か別で、離職意向（すぐにでも退職＋二〜三年で）を確認したところ、U字カーブ状の構造になっていた（次のページ図2）。高かったのは「ゆるいと感じない」という〝きつい職場〟にいる者と、その反対の状況にある者、つまり「ゆるいと感じる」という〝ゆるい職場〟にいる者であった。つまり、「職場がきつくて辞めたい」という若手はもちろんいまも存在しているが、同時に「職場がゆるくて辞めたい」という若手も存在しているという現状が見えてく

図2　職場観と短期的離職意向

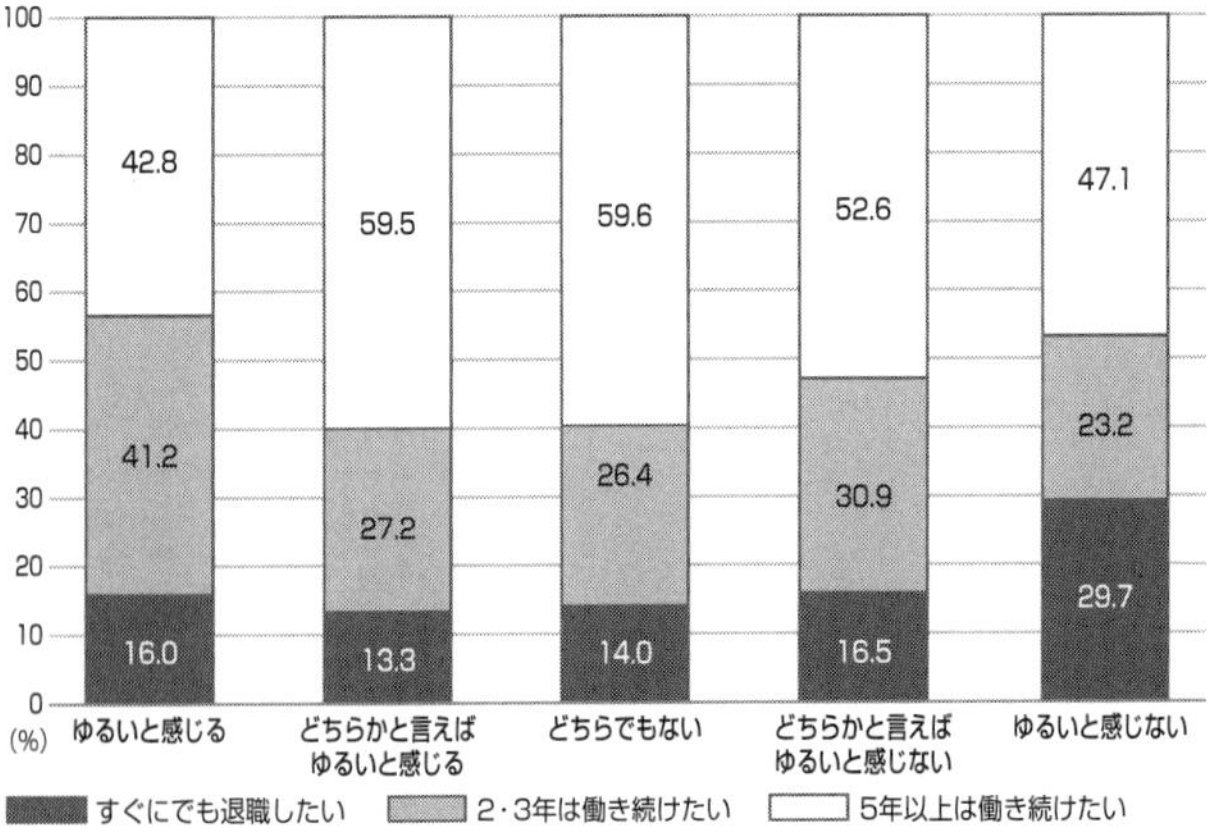

出所：リクルートワークス研究所「大手企業における若手育成状況調査」(2022年)

る。

こうした状況を裏打ちするように、大手企業の育成機会が縮小されている動向も示唆《しさ》されている。たとえば、業務から離れた知識や経験習得の機会であるOff-JT機会が減少している（表1）。「機会がなかった」は二〇一五年調査の三〇・八％から二〇二二年調査の四一・三％へ増加、「機会はあったが、受けなかった」と合わせて、Off-JT機会を得られなかった若手は、三九・七％から四八・一％へと約半数に上った。

さらに、時間数についても減退傾向は明らかで「一年間に合計で五十時間以上」は二二・七％から一一・四％へと半減していた。結果として、年間平均のOff-JT時間は二十一・五時間から十三・七時間へと減少した。これは二〇一

表1　大手企業における育成機会の減少

	2015年	2022年
Off-JTの機会「なかった」割合	30.8%	41.3%
(平均年間Off-JT時間)	21.5時間	13.7時間
OJTの機会「なかった」割合	14.6%	20.1%

出所：リクルートワークス研究所「全国就業構造パネル調査」より筆者分析
（1000人以上規模企業在籍、入社3年以内大学卒以上の正規社員）

五年と比べてじつに三六％減である。

職場での実践を通じて業務知識を身につけるＯＪＴについても同様だ。その機会がまったくなかったと回答した若手の割合は二〇一五年調査の一四・六％に対して、二〇二二年調査では二〇・一％へと増加している。また、質の面でも、育成を主目的とした計画的ＯＪＴから、業務の傍《かたわ》らで行なわれる〝ながらＯＪＴ〟や〝放置型〟へと変質している様子も見られる。働き方改革以降の管理職層の多忙さは指摘されているとおり、もはや職場のなかで育成するような余裕はないのかもしれない。ただ、新入社員期は学生から社会人への移行期、また職業生活の最初期の段階にあり、組織適応に加え基本的な職業能力を付与する必要のある時期である。こうした時期の育成機会が大手企業においても二〇一五年以降減少した状況を、まず押さえる必要がある。

若手を活かす職場、二つの要素

では、現代において若手が意欲をもって仕事に全力投球できるのはどんな職場なのか。そのヒントがある。リクルートワークス研究所が、一〜三年目の社員二九八五名に二つの時期で調査したデータを用いて検証すると、若手が活躍する職場には「二つの要素」が存在していた。

一つは、職場の「心理的安全性」である。その職場で自分が何かを言ったり始めたりしても誰かに言下《げんか》に却下されたり、人格を否定されることがないという認識で、「チームのメンバー内で、課題やネガティブなことを言い合うことができる」「現在のチームで業務を進める際、自分のスキルが発揮されていると感じる」という職場だ。広く共有された概念であり、その重要性に異議のある方は少ないだろう。

もう一つ、心理的安全性と同様に新入社員のワーク・エンゲージメントにプラスの影響を与えるものとして、職場の「キャリア安全性」とも言える要素が存在していた。キャリア安全性は、「所属する会社の仕事をこのまま続けていれば成長できる」「自分は別の会社や部署でも通用する人材に職場の仕事を通じてなることができる」といった認識の高さであり、若手が自分のことを俯瞰《ふかん》して、〝自身の今後のキャリアがいまの職場でどの程度安全な状態でいられると認識しているか〟を捉える尺度である。

このキャリア安全性は、心理的安全性とは独立（互いに相関がない）したファクターであった。自分のキャリアが現職を続けることでどう展開しうるのか納得し安心して初めて、その職場での仕事に打ち込める。これは変動の激しい現代社会において、漠然《ばくぜん》とした不安を抱える若手の生存本能が与えた感覚と言えるかもしれない。企業が最後まで面倒を見てくれる保証はないのだから、自分の職業人生を安定させられるのは、自分が身につけた経験や知見・技能でしかないのだ。

「育て方改革」の時代

以上を踏まえて、新しい環境のなかで、若手をどう育てていけば良いのだろうか。筆者が「育て方改革」と呼ぶ手法のポイントとして、ここでは二点を挙げる。

①職場だけで育てない

前述のように、労働時間の上限規制など諸々の法改正により、若手の労働時間は着実に減少している。言わば、自社の職場が若手の人生に占める時間の割合はどんどん減少している。すなわち、職場で伝達できるノウハウ、スキル、ネットワークの量が以前と比べて減少することを意味する。

職場だけで育てることが難しい時代に、新しい取り組みが芽吹きつつある。たとえば通信大手では、二十・三十代の有志社員がグループ企業を横断した社員コミュニティを立ち上げ、社外講師を招いた勉強会やアイデアソン、ワークショップ、幹部との対談等を自主的に企画している。こうした職場外での活動に加え、副業や兼業、ベンチャー企業への出向や学び直しといった企業外での研鑽《けんさん》機会を積ませる大手企業も増加している。職場外を使った学びは「越境」と言われるが、職場の境目にとらわれない育成をどう行ない、どう本業の仕事との好循環をつくるかは、今後の若手育成の重要なポイントの一つとなる。

こうしたなか、若手の社内評価を担当する職場の上司だけに、若手育成の責任を負わせることはナンセンスだ。より多くの手と目をかけて、横断的に育成する仕組みが前提となる。上司―部下の垂直関係だけでなく、若手同士など水平関係をも活かした育成の試行錯誤が始まっている。

②若者だけに考えさせない

若者の自主性が尊重され要請される時代だからこそ、若者だけに考えさせてはならない。

これには二つの意味がある。

第一に、たんなる「自己責任論」にしてはならないということだ。過去の若者は、「この仕事をして将来自分は社会で通用する社会人になれるのか」という現代の若者が直面する問題を考える必要はなかった。一方で現代の若者には、これまでの日本社会で誰も考えてこなかった難問が立ちはだかっているのだ。

ところが、職業人生設計を一人で担う必要が生じた若者たちに対しての支援はまったく不十分である。自社での仕事、職場外での学びや活動、自身のライフスタイルを包含《ほうがん》し、ライフキャリアプランニングの視点で相談に乗れるサービス・機能の拡大が急務だ。若手が社内外での活動をすべて開示し相談する環境を構築できる会社が出れば、その会社は「ゆるい職場時代」の若者の自律的なアクションを取り込んだ、強い人材力を発揮できるだろう。

若者だけに考えさせてはいけないもう一つの意味は、「本人の合理性を超えたジョブ・アサインが必要である」ということだ。現代においては、職種別採用の浸透やジョブ型雇用、公募型異動など制度面の変化からもわかるとおり、組織が若手の希望を聞くようになった。

しかし、若者個人の希望に沿ったキャリアパスを用意するだけでは、個人が想像する以上の機会や経験は得られない。当事者が考える合理性には主観的な認識に基づく限界があり、これを乗り越える装置を新しい職場の時代にあらためて考えなくてはならない。

そのキーワードが「本人の合理性を超えたジョブ・アサイン」である。これを本人の納得感を得ながらいかに与えていくか（もちろん、いきなり「来週から単身赴任しろ」とか、「これまでと全然違う事業部へ行け」では、キャリア安全性が担保されず無意味だ）が、今後の若手人材育成における大きな課題となっていくだろう。「部下に自身の知り合いを紹介する」や「イベントや社内外の勉強会等に、部下を誘う・紹介する」といった機会の頻度が多い管理職は、若手の育成が上手くいっているというデータもある。若手本人が思いもよらなかった身近なきっかけを、じつは提供できるかもしれない。

キャリア自律が重要だからこそ、若手一人に考えさせてはいけないのだ。

第十章

「若者の本離れ」というウソ

飯田一史

いいだ・いちし　ライター。一九八二年青森県むつ市生まれ。グロービス経営大学院経営研究科経営専攻修了（MBA）。小説誌、カルチャー誌、ライトノベルの編集者を経てライターとして独立。出版産業や子どもの本、マンガやウェブカルチャーについて取材・執筆を手がける。著書に『「若者の読書離れ」というウソ』（平凡社新書）、『いま、子どもの本が売れる理由』（筑摩選書）、『マンガ雑誌は死んだ。で、どうなるの?』『ウェブ小説30年史』（ともに星海社新書）、『ライトノベル・クロニクル2010―2021』（P-VINE）など。

子ども・若者の読書の実態

「子ども・若者の本離れ」とよく言う。これは初歩的なデータを確認せずに発信され続けている妄言《もうげん》である。

全国学校図書館協議会の学校読書調査によれば、小中高生の一か月間の書籍の平均読書冊

図1　書籍の不読率推移

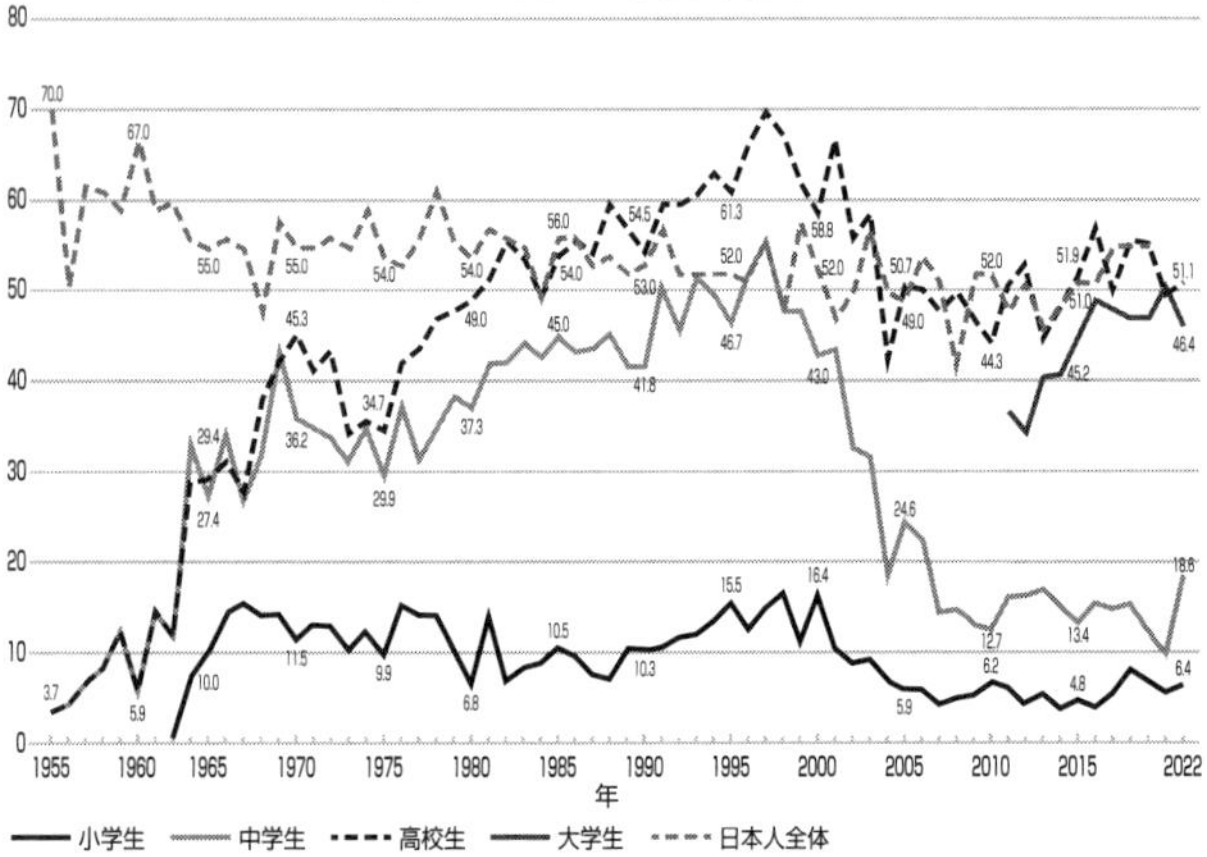

全国学校図書館協議会「学校読書調査」、毎日新聞社「読書世論調査」各年をもとに作成

数は二〇二二年に小学四〜六年生で一三・二冊、中学生は四・七冊、高校生は一・六冊。月に一冊も読まない人の割合（不読《ふどく》率）は小学生六・四％、中学生一八・六％、高校生五一・一％。近年の小中学生は一九五五年に調査が始まって以来もっとも平均読書冊数が多く、不読率はもっとも低水準にある（図1、図2）。高校生は長期にわたって平均読書冊数は月一冊台と横ばいであり（高校生の月の平均読書冊数がもっとも多かったのは一九五七年の二・五冊にすぎない）、不読率は最悪だった九〇年代末と比べると約三割減少している。出版科学研究所調べでは、児童書市場は一九九八年には推定販売額が七〇〇億円、二〇二二年には九二三億円。少子化が進行した

図2　書籍の月間平均読書冊数

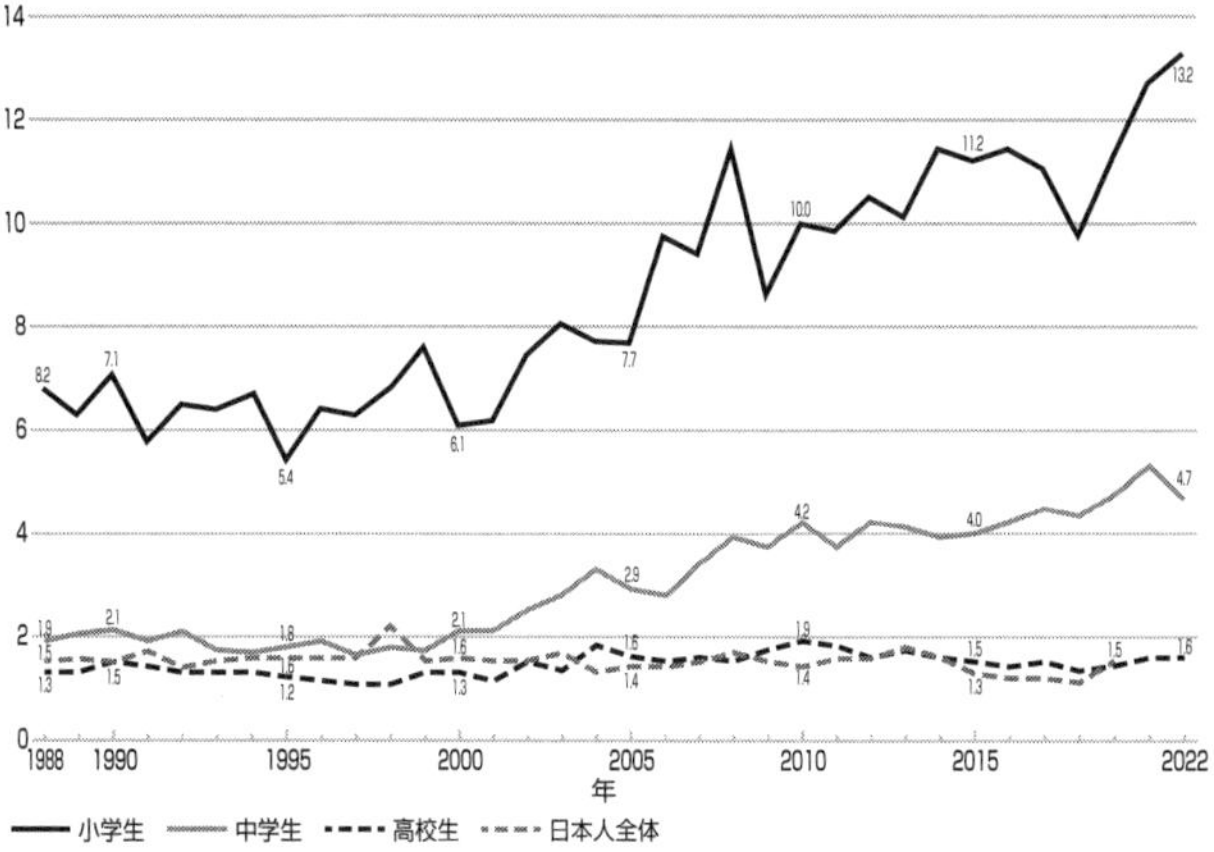

全国学校図書館協議会「学校読書調査」、毎日新聞社「読書世論調査」各年をもとに作成

にもかかわらず堅調であり、十四歳以下人口一人あたりに換算《かんさん》すると三六一四円から六三六四円に上昇している（総務省統計局人口推計を用いて算出）。

一九八〇年代から九〇年代にかけては書籍の不読率上昇や児童書市場の縮小が見られたが、二〇〇〇年代以降はV字回復している。

「本離れ」と言うには過去と比較して減少していなければならないが、高校生に関しても平均読書冊数は六〇年代半ば以降ずっと二冊以下であり、そのような傾向は見られない。「昔の中高生のほうが書籍をよく読んだ」という事実はない。

とはいえ「高校生のふたりにひとりが書籍を読まないのは問題だ」と思うかもしれな

い。ところが文化庁が「国語に関する世論調査」で五年おきに実施している読書調査の最新平成三十年度（二〇一八年）版を見ると、日本人全体の不読率は四七・三％。高校生は大人と同程度に読まないにすぎない。

二〇一九年まで毎日新聞社が毎年実施していた「読書世論調査」と合わせて見ると、高校生以上になると大人も含めて日本人は月平均一冊台しか書籍を読まず、ふたりにひとりは書籍を読まないという状態が数十年続いている。したがって、「ゲームやケータイ、ネット、スマホの影響で書籍を読まなくなった」という事実も存在しない。統計で見る限り、日本人の書籍を読む量の平均はほとんど変わっていない。

にもかかわらず多くの人が「本離れが進んでいる」と思ってしまうのは、出版市場が縮小し、書店数が減少しているからである。

出版市場全体で見ると一九九六年をピークに、コミックの電子書籍市場が爆発的に伸長《しんちょう》した近年になるまで、約四半世紀にわたって縮小傾向にあった。

もっとも、ここまで紹介してきたデータは「書籍」に関するもので、「雑誌」は話が別だ。小中高生の雑誌の月間平均読書冊数は、ピークの一九八六年には小学生九・三冊、中学生九・六冊、高校生八・五冊、不読率は一九八〇年には小学生八・一％、中学生七・三％、高校生六・三％だったが、直近二〇二二年では月平均読書冊数は小学生三・三冊、中学生三・一冊、高校生一・七冊、不読率は小学生五九・二％、中学生五一・二％、高校生六七・四％。「子ども・若者の雑誌離れ」は劇的に進行している。

書籍とは異なり、多くの雑誌が提供してきた鮮度の高い情報や暇つぶしは、ネットやスマホに代替されてしまった。これは大人でも変わらない。

そして毎週、毎月刊行される雑誌を買わなくなると、人は書店へ定期的に行かなくなる。また、一九八〇年代から九〇年代にかけて複合型書店と呼ばれるレンタルビデオやレコード（のちにDVDとCD）も手がける書店が隆盛したが、借りたものを返しに店に行く必要が生じていた。

多くの人は、ただ返すだけではなんなので、ついでに雑誌や書籍を物色して本も買って「積ん読」を発生させていた。だが複合店はNetflixやSpotifyなどに代替され、やはり顧客の来店動機を失った。店に行かなければ衝動買い、ついで買いが発生しない。ゆえに雑誌やレンタル市場の動向に引きずられて書籍市場も減少していく。書籍を「読む量」は減らなくても、雑誌を読む量・買う量が減れば、書籍を「買う量」も減る。「書籍」と「雑誌」、「読む」と「買う」はイコールではなく、それぞれ分けて考える必要がある。

官民挙げての読書推進施策が実を結んだ

アルメディア調査によれば全国の書店の実店舗数は一万店を切り、この二十年で半減した。本屋が減ったことで子ども・若者は本に触れなくなっているはずだ、学校読書調査はおかしい——という推定は間違っている。全国の小中高および特別支援学校には学校図書館法、大学には国立学校設置法によって図書館設置義務がある。小学校二万弱、中学校一万強、高校五千強、特別支援学校約一千、大学八百弱の合計約三万六千の図書館が日本全国の各自治体にいまも存在する。たとえ無書店自治体であっても、学校の図書館がない場所は（そこに学校があれば）存在しない。

「学校図書館があっても、鍵がかかっていて誰もいないし、ほこりをかぶった古い本が並んでいるだけだ」と思ったとしたら、それは昭和のイメージであり、いまの実態とは乖離している。

一九八九年に児童文学者の肥田美代子が国会議員となったことで児童書業界は政界への働きかけを強め、肥田らが中心となって一九九七年に学校図書館法を改正して、一二学級以上ある学校での司書教諭《きょうゆ》（司書資格を有する教師）の原則配置を実現した。

並行して文部省（のちの文部科学省）が一九九二年に学習指導要領において「調べ学習」を導入。その実現のために目標とする蔵書数などを定めた「学校図書館図書標準」を示して五年間で約五〇〇億円の予算を地方交付税交付金として措置《そち》（以降、五年おきに同程度の予算が割かれている）。

その後も文科省は「調べ学習」を発展させた「総合的な学習の時間」（二〇〇〇年～）、二〇二〇年から始まる「探究学習」など、図書館活用が必須となる学習を継続的に推進している。その遂行のために二〇一四年に再び学校図書館法が改正されて学校司書（教師ではない司書）も原則配置となった。

ほかにも小学校では国語の時間に週一回読書の時間を設ける学校が増えた。このように学校図書館利用は積極化されており、文科省「令和二年度『学校図書館の現状に関する調査』の結果について」によれば、国語の授業における学校図書館の活用状況は小学生九四・七％、中学生七二・八％、高校生五六・六％に及ぶ。

さらには二〇〇一年には「子どもの読書活動の推進に関する法律」が施行され、各自治体が読書推進計画を定めることとなり、小中高で朝十分か十五分好きな書籍を読む「朝の読書」や、〇歳児とその親に本との触れ合いを提供する「ブックスタート」を多くの自治体が採用した。これら一連の政策・施策が実を結んだ結果が、冒頭に示した数字である。

一方で日本人の読書観は圧倒的に書籍偏重《へんちょう》であり、九〇年代まで旺盛《おうせい》に読まれていたこともあって、雑誌は読書推進の対象から除外され続けてきた。「本離れ」と言ったときに想定されるのはほぼ「書籍を読まない」であり、「雑誌を読まない」姿が想像されるケースはいまも昔もまれである。

結果、書籍のV字回復を尻目に、雑誌は急速な凋落《ちょうらく》に歯止めがかからず、子ども・若者の読書はかつての「雑高書低」から「書高雑低」に変化した。

七〇年代以降の高校生は難しい本を読んでいない

「書籍の読書冊数は増えたか横ばいにしても、昔より骨太《ほねぶと》な本や古典を読まなくなっている」と考える人もいるかもしれない。そういう傾向がないとは言わないが、筆者は懐疑的だ。

たとえば学校読書調査で毎年発表されている「五月の一か月間に読んだ本」(二〇二一年度からは「今年度に入ってから読んだ本」)の高校生部門の上位にある本を見ると、近年の高校生には小坂流加《るか》『余命10年』(文芸社)や宇山佳佑《けいすけ》『桜のような僕の恋人』(集英社文庫)

をはじめ、男女片方が死に至る病に冒されている悲恋を描いた、いわゆる「余命もの」の人気が高い。こういうものは、以前は「難病もの」と呼ばれ、読書家からは「泣ける話をサプリメント的に消費している」などとかつても批判され、バカにされていた。

では、たとえば一九六〇年代にはどうだったか。一九六四年には大島みち子・河野實《こうのまこと》『愛と死をみつめて』（大和書房）が高校生男子三年と女子一〜三年の一位になっている。これは難病の軟骨肉腫《なんこつにくしゅ》を患《わずら》って亡くなった女性ミコと、死に別れた恋人の男性マコとの文通を書籍化したものだ。ノンフィクションだが、構造としても読後感としても余命ものと同型である。

以降も長きにわたり「死を前にして本心を吐露《とろ》しあう」タイプの本は中高生に一貫して人気がある。また、「最近の子ども・若者の読書は、アニメやドラマ、ゲームなど他のメディアの影響を受けている」としばしば否定的に語られるが、しかしたとえば一九七四年の高校生一年男女がもっとも読んだ本は五島勉《ごとうべん》『ノストラダムスの大予言』（祥伝社）であり、七〇年代後半に入ると実写映画化に合わせて文庫を売り出す、いわゆる「角川商法」が登場して横溝正史《よこみぞせいし》『八つ墓村』（角川文庫）などが上位に来るようになる。

テレビや映画など他のメディアの影響下に読む本を選び、教養主義的な読書よりも楽しみのための軽い読書が多いという傾向は、少なく見積もっても半世紀以上前から変わらない。「昔の高校生は難しい本をよく読んだ」も、六〇年代までは間違いとは言えないが、高校進学率が八割を超えて完全に大衆化した七〇年代以降に関してはほぼ幻想である。

大人はなぜ若者の読書の実態を見誤るのか

「国語に関する世論調査」によれば、日本人全体では半数が本を読まず、約四割が月に一〜二冊読む。月に七冊以上読む人間は全体の三%にすぎない。

しかし、「本離れしている」「軽い読書ばかり」「くだらない本ばかりがベストセラーに」などと嘆くのは、つねにこの三%の人たちである。嘆きや批判を発信する教師や研究者、司書、書店や取次、出版社やメディア業界に勤務している人たちの多くは幼少期から大抵《たいてい》学力が高く、息を吸うように本を読む人たちが周囲にいる環境で長年過ごしてきた。

それがゆえに、月の読書冊数が〇〜二冊という九割の圧倒的なマジョリティの実態を見誤り、月一冊しか読まない人が好むベストセラーの何が魅力的なのかが理解できない。進学校の中高に通い、高偏差値帯の大学で過ごせば、それは周囲に難しい本を読んでいる人もいるだろうが、その光景は日本全体で見たときの平均的な姿ではない。いわゆる「本読み」の大人は、こうした要因によって事実・現実を見ないで若者の読書を叩く、ラウドマイノリティと化しやすい。

もちろん「そうは言っても、もっと本を読んでほしい」「もっと身になる本を読んでほしい」と本好きの大人であれば思うだろう。であれば、余計なおせっかいをせずに、本人が興味のあるものを好きに読んでもらうのが一番いい。

猪原敬介『読書と言語能力』（京都大学学術出版会）によれば、読書量と語彙《ごい》力には正の相関がある。

なぜ本を読むと語彙が増えるか。文中に登場する知らない単語や言い回しを前後の文脈から類推することで身につくのであり、これは本人の語彙のレベルに合った本を読む場合に効果が期待できる。

つまりその人にとって難しすぎても簡単すぎてもダメなのだが、そのレベルを一番よく知っているのはたいてい本人である。あるいはジム・トレリース『魔法の読みきかせ』（筑摩書房）ではＰＩＳＡ（ＯＥＣＤ加盟国の十五歳を対象とした学習到達度調査）の「読解リテラシー」と読書に関する調査結果が引かれているが、書籍読書のほうがコミックを読むより効果はあるものの、読書の「夢中度」が高いほどスコアが上がるため、どんな種類の本を読むかよりも夢中になって読むことこそが最重要だとしている。

また、スティーブン・クラッシェン『読書はパワー』（金の星社）では北米での調査・研究をもとに、コミックやティーン向けのロマンスのような軽読書であっても、その後の多様な書籍読書への呼び水、橋渡しとなっていることが示されている。

つまり、マンガであるとか本好きの大人が眉《まゆ》をひそめるような本であっても、本人が惹《ひ》かれるもので、自分の語彙力のレベルに合ったものを選んで夢中になって読んでいれば、語彙が増え、読解リテラシーが高まる。語彙が増えると教科書や参考書、教師・講師の講義の理解度が上がり、国語に限らず他の教科の成績も上がることは多くの塾・予備校講師が指摘している（たとえば黒田将臣著・西岡壱誠監修『ビジネスとしての東大受験』星海社新書）。

一方で、大人が「古典を読め」「村上春樹や朝井リョウくらい読め」「せめて受験に役立つ学習マンガを」などと押しつけても、推薦された側のレベルや関心と合っていなければ読まないし、無理やり読ませても夢中にならなければ教育的な効果はたいして期待できない。

この観点からすると、子ども・若者の雑誌離れ、本好きの大人による雑誌やマンガの軽視こそが嘆かわしい。かつて雑誌の不読率は小中高いずれも一割を切っており「書籍は読まないが雑誌は読む」若者がいたが、雑誌の読書推進を放置したことでこの層はいまや「書籍も雑誌も読まない」状態になってしまった。

朝読でも雑誌とマンガ（学習マンガは除く）は大抵禁止されている。だから体育会系の子が「Number」を読むとか、進路をアパレルに見定めている子がファッション誌を読む、あるいは人口の数％いるとされる、生まれつき読字に困難がある発達性ディスレクシアの子たちがマンガや画集、写真集を見ることも、多くの学校で許容されていない。

また、今年三月に文科省が発表した第五次「子どもの読書活動の推進に関する基本的な計画」においても推進対象は相変わらず書籍に偏重している。

さらに言えば、同計画では読書バリアフリーへの言及はあるが、主に視覚障害者が想定されており、「目は見えるけれども字が苦手」な学習障害やいわゆる境界知能の子ども・若者への配慮はほとんど書かれていない。

「子ども・若者の本離れ」が意味することが「書籍離れ」なのであれば、それは事実に即していない。だが「本離れ」＝「書籍離れ」という解釈の前提になっているのは極めて狭量《きょうりょう》な「本」「読書」の定義であり、恣《し》意的な選別である。その思想は、本当はもっと多様であるはずの「本」、広く許容されるべき「読書」のありようから、子ども・若者をいまも遠ざけ続けている。

第十一章

「言葉の転換期」で格闘する若者たち

ひきたよしあき

大阪芸術大学客員教授。一九六〇年、兵庫県生まれ。早稲田大学法学部卒業。博報堂入社後、CM制作に従事。政治・行政・大手企業のスピーチライターとしても活躍。独立後は、幅広い分野で「言葉の技術」を教え、現在は大阪芸術大学や明治大学などでも教鞭をとる。著書に『博報堂スピーチライターが教える五日間で言葉が「思いつかない」「まとまらない」「伝わらない」がなくなる本』（大和出版）、『人を追いつめる話し方　心をラクにする話し方』（日経BP）など多数。

日本語が大きく変わろうとしている

日本語はいま、歴史的な転換点を迎えている。AIの進化、SNSの浸透、ChatGPTに代表される新しいテクノロジーの出現などによって、とくに若者たちの言葉に大きな変化が見られる。三年以上のコロナ禍がその流れを加速させた。

変化が著しい若者たちの言語は、現在どのような状況にあるのか。彼らは何に苦しみ、何を生み出そうとしているのか。歴史的な考察を踏まえて眺めたい。

私は四十年近く、広告会社の博報堂でCM制作に携わってきた。また、スピーチライターとして政治家や企業エグゼクティブのスピーチを書いてきた。さらに、行政、企業団体、自衛隊、浄土真宗西本願寺派《じょうどしんしゅうにしほんがんじは》、JFA（日本サッカー協会）など幅広い分野でコミュニケーションを教えており、現在は大阪芸術大学、明治大学などでも教鞭《きょうべん》をとる。世代や業種にとらわれず、あらゆる組織が抱える「言葉の問題」と格闘している。そこで感じるのは、世代による言語感覚の違いだ。「若い人の書く文章は、ぶっきらぼうで稚拙《ちせつ》だ」「大人の書いたものは、上から目線でムカつく」――この両者の言葉を同時に聞きながら、若者の言語感覚について考えていきたい。

公的な文章は得意、私的な文章は苦手

若者の文章力は、ここ五年足らずで飛躍的に向上している。これが私の実感だ。就活のためのエントリーシートも、日々大学で提出するレポートや論文も、昔に比べて稚拙な文章や破綻《はたん》している内容の数は減っている。誰もが及第点に達するレベルだ。

なぜ、うまくなったのか。それは圧倒的な情報量と編集能力の向上だ。エントリーシートでいえば、情報サイトにあらゆる模範解答が書かれている。商社や金融の内定をとった先輩たちの記述例も簡単に手に入る。面接で聞かれる「座右の銘」は、好感度の高いものがランキング形式で紹介されている。学生の書いたものを読むと、ほぼ完璧。正論ばかりで、文句のつけようがない。

こうした情報編集による文章作成は、企業の若手が書く企画書、契約書から学校の読書感想文にまで及ぶ。体裁の整った文章を書く力は、全体的に向上しているのだ。

これがＬＩＮＥのメッセージやチャットなどに書き込む「私的な文章」となると景色が一変する。話し言葉で書き込まれるネット上の言葉は、「話し言葉」と「書き言葉」の区別がなくなっている。「了解です」「遅刻です」といった口語をＬＩＮＥに書き込んでくる。「悲報、遅刻です」というメールが学生から届くと、学生の書くものに慣れている私でも眉をひそめたくなる。

スタンプや動画など言葉以外のコミュニケーションツールが発達した影響もある。また、「一分でまとめよ」「三語で語れ」等々、タイパ（＝タイムパフォーマンス）のよい人間が有能だとみなす昨今の風潮が彼らに拍車をかける。長くマスクをつけていたことで言葉数そのものが減少している。いずれにせよ、知らない人、違う世代の人と語るには、あまりに言葉足らずである。それについて若者たちは悩み、「私はコミュ障だ」と肩を落としている。

論文やレポートなどのオフィシャルな文章は、極めて体裁よくまとめる力があるのに、「話し言葉」と「書き言葉」の境《さかい》のない私的な文章となると、仲間内以外と語る言葉をもたない。若者はプライベートなネットコミュニケーションのほうが得意で、公的な文章は苦手と考えがちだが、実態はむしろ逆なのだ。

日本語の二つの潮流

なぜこのように「公的な文章」と「私的な文章」に差が出るのか。

ここには、江戸から明治期にかけて、近代日本の日本語が成立して以来の二つの潮流に要因がある。「公的な文章」と「私的な文章」は、明治期から異なった成長をとげて今に至っているのだ。その流れを見ていこう。

近代日本の公的な文章は、一八六八年（慶応四年）に発布された「五箇条の御誓文《ごせいもん》」に始まる。天皇陛下がどのような言葉を使われるのかを誰も知らない時代だ。そんな時代に発布《はっぷ》され、太政官日誌《だじょうかんにっし》に掲載された「五箇条の御誓文」は、「漢字カタカナまじり文」だった。

大日本帝国憲法も教育勅語も当時の教科書も「漢字カタカナまじり文」で書かれている。漢文の素養がなければ理解できない。戦後、「日本国憲法」を見てもわかるとおり「カタカナ」が「ひらがな」に変わったものの難しさは変わらない。この難しい文体に、専門用語や外来語などが加えられて、「霞ヶ関《かすみがせき》文学」と揶揄《やゆ》される「難しくてややこしい文章」が公的な文章とされてきた。

この流れは、多くのビジネス文書、ビジネスレターなどにも生きている。学生たちが書く論文やレポートもこの流れのなかにある。後世まで、緻密《ちみつ》に、正確に伝えるための「公的」な文章は、日常で使うコミュニケーションよりもかなり難解でとっつきにくい。国民が政治に関心を寄せにくい理由の一つにこれがある。

二つめは、一八八七年（明治二十年）に二葉亭四迷《ふたばていしめい》が『浮雲』を書いて以来の言文一致に由来する潮流だ。誰が読んでもわかりやすい「話し言葉」と「書き言葉」が一致した文章を求めて、夏目漱石をはじめとする明治の文豪たちが言葉を紡《つむ》いでいった。

さらには当時の西洋化の波に乗り、「西洋」「幸福」「自由」といった言葉を福沢諭吉が生み出し、言文一致運動に西洋の価値観を取り込んで、時々刻々と変わる日本人の興味・気分にあった言葉をつくっていった。

時代や環境によって言葉を変化させ、私的な思いを多くの人に伝わるようにする活動の延長線上に、現在のSNS文体、絵文字、スタンプもある。

言葉の変化は、速く、大きい。五年前に書かれたものですら古さを感じることがある。それだけ言葉は激しく、新陳代謝を繰り返している。

二つの言葉の潮流と若者たちの格闘

明治以来の言葉の潮流を見てきたところで、もう一度、いまの若者たちの言葉に戻る。彼らは、何に戸惑い、何を切り拓《ひら》こうとしているのか。まずは「公的な文章」に対する若者たちの格闘を考える。

先に見たように、彼らは公的な文章の体裁を整える力は長《た》けている。多くの情報から必要なものを選択し、並べ替えることは得意なのだ。

問題は、情報と編集力を駆使《くし》してフォーマットにまとめた文章では、深い思いが伝わらないところにある。その文章が「過不足なく無難に書けているが、強い思いが伝わるほどではない」ということに若者自身も気づきつつある。

ある程度の編集能力が身につけば、ビジネスレポートはもちろん、企画書や論文も簡単に書ける時代。だから誰も突出しない。八〇点の出来までに仕上げることはできるが、人をうならせる文章は書けない。

そこに、ＣｈａｔＧＰＴが登場した。こちらの質問に対して、ＡＩがまるで人間のように自然な対話形式で高度な回答を返してくれる。

もはや、契約書も論文もおおよその文章はＡＩが作成してくれる。若者たちは、すでに情報を集め、編集して文章をつくり直す必要すらないことを感じ始めている。

求められるのは、ＡＩに対する質問力だ。質問の内容で回答は大きく変わる。たとえば、「ＳＤＧｓ」についてレポートを書くとき、その人の知識と興味が「貧困」か「気候問題」か。さらには、「ＳＤＧｓ」に対して肯定的か否定的かといったスタンスによってもＡＩが出してくる回答は大きく変わる。

つまり、文章作成にとって大切なことは、ＡＩに問いかける力になる。これに気づいてＣｈａｔＧＰＴと格闘している若者を、私は肯定的に見ている。さまざまな質問をつくり、出てくる回答の違いに驚く姿こそ、次の時代の文章作法なのだろう。論文も企画書も、「書く」能力から「問う」能力へと変化していくに違いない。

もう一つ、「私的な文章」に若者たちはどんなアプローチをしているのか。

その一例として、若者に人気の講義の一つに「ビートメイキング文」をつくる講義がある。ボソッと書くだけではなく、短く、詩的に、リズミカルな文章を書いて、多くの人の心を揺さぶる文章を書く、という授業だ。

「遅刻だ！　遅刻だ！
服選び、メイク、ヘアセット！
遅刻だ、遅刻だ！」

「ねぇ、今日も可愛い？　と聞く君が今日も可愛い」

「デートか。
財布には、万札のふりをしたレシートたち。
デートか……」

と、「ボソッと言葉」を文章か、詩か、歌かわからない方向に進化させる。

俵万智《たわらまち》の『サラダ記念日』（河出書房新社）をAIに読ませて新しい歌をつくる試みに多くの若者が共感し、それが流行している理由も、俵万智の短歌に新しい言葉との出合いがあり、創作作法があり、新鮮なリズムを感じているからだろう。ありきたりなチャットや言葉足らずの書き込みに満足できない。そんな思いが、AIを活用した新しい、「もっと伝わる言葉」に彼らを向かわせている。

百年めの大転換へ

友だちのようにAIと語り合いながら、短歌や俳句のようなリズミカルな文章に目を輝かせる世代。先日、私が教鞭をとる大阪芸術大学放送学科の学生が提出してきた動画作品に、こうした傾向が顕著《けんちょ》に現れていた。

作品の冒頭、男女が画面の端と端に佇《たたず》んでいる。真ん中には、すべての音を遮《さえぎ》るように大きな噴水があった。その水の上を、歌詞のような、つぶやきのような、詩的で哲学的にもとれる言葉が画面に浮かんでくる。

コロナ禍のソーシャル・ディスタンスの影響を感じる二人の距離。そこに流れる切ない言葉たち。物語はほとんどない。二人の距離は縮まらず、言葉が深まることもない。

しかし、二人の静かな思いは伝わる。私はこの動画を見ながら、新しい日本語が生まれていることを確信した。

百年前、福沢諭吉や夏目漱石が、誰もが使いやすい日本語をつくり、さまざまな価値観を言葉に入れ込もうと格闘した姿。それは、ＡＩの進化とコミュニケーションの変化のなかで言葉をつくろうとしている若者たちと、私には重なって見える。

もっともこれらの運動は、まだまだ小さく、微《かす》かなものである。さまざまな職種の若者たちに接していなければ、私だってまず気づくことはなかった。この動きは、未成熟で、相変わらず若者たちは言葉足らずだ。

しかし、私は彼らの活動を信じたい。巨大化したネット環境のなかで、炎上やフェイクニュースに怯《おび》え、テクノロジーの進化についていけなくなりながらも彼らは、次の時代の言葉をつくろうとしている。

私も日々、自分の価値観のなかに逃げ込んで「今の若いやつらの書くものは！」と怒りたい気持ちになることも多々ある。

しかし、言葉の大転換点にいる若い世代の感覚と行動を信じ、彼らにエールを送りたい。

なぜなら、新しい言葉はつねに若者たちのものだから。

第十二章

韓国人男性に惹かれる日本人女性

安宿緑

やすやど・みどり　ライター／編集者。東京都生まれ。東京・小平市の朝鮮大学校を卒業後、米国系の大学院を修了。朝鮮青年同盟中央委員退任後に日本のメディアで活動を始める。二〇一〇年、北朝鮮の携帯電話画面を世界初報道、扶桑社『週刊SPA!』で担当した特集が金正男氏に読まれ「面白いね」とコメントされる。韓国心理学会正会員、米国心理学修士。著書に『実録・北の三叉路』（双葉社）、『韓国の若者』（中公新書ラクレ）がある。

空前の韓流ブームの余波

韓国統計庁の「出入国・外国人政策統計年報」によると、日本国籍の結婚移民者は二〇〇六年の六五四六人から増減しつつ二〇一〇年からは毎年増加。二〇二一年には一万五〇七四人とベトナム、中国に次いで三番目に多い水準となっている（二〇〇六～二〇二一年の総計）。「韓国人男性×外国籍女性」の組み合わせで見ると、日本国籍者はベトナム、中国、タイ、アメリカに次ぐ五位（二〇二二年）。一方、「韓国人女性×外国籍男性」の統計においては、日本国籍者は一九九三年からピークとなる二〇〇五年まではむしろ女性より多かったが、二〇一六年を境に激減。近年は上位にランクインせず、「その他」にカテゴライズされている（同庁「人口動態統計年報」より）。直近五年間では、韓国に結婚移住した日本国籍者は男性が九七八人に対し、女性が三九七〇人である（韓国統計庁「人口動向調査」より）。

日韓カップルにおいては圧倒的に「韓国人男性×日本人女性」の組み合わせが多いことがうかがえる。

こうした現状の反映か、SNSでもここ十年ほどで「日韓カップル」「日韓夫婦」と称し、その生活を発信する女性のアカウントが急増。同時に、このような投稿も散見されるようになった。

「現在の夢↓韓国に住む、日韓カップル・夫婦になる、日韓ハーフの子供を産む」

「韓国人の彼氏がほしい」

「将来の夢　韓国に住んで　韓国で働いて　韓国人と結婚して　日韓ハーフの子産む　ARMY（※BTSのファンの名称）みんなそうだよね…？」（以上、原文ママ）という投稿には、五〇〇以上の反応がついている。

BTS のメンバー（写真提供：AFP= 時事）

韓国に結婚移住する日本人女性はこれまでもいたが、昨今ではその動機が大きく変わり、韓国人男性自体に憧《あこが》れをもつ女性が増えているように思える。その背景に、韓流ブームによってつくり上げられたイメージが大きく影響しているのは言うまでもない。

韓国留学中のAさん（二十六歳）も、「韓国に興味をもったのはエンタメがきっかけです。SEVENTEEN《セブンティーン》や韓国ドラマ、韓国アイドルが使っているメイク用品からも影響を受けました」と話す。

韓国人男性と恋愛をしたいとつねに考えているというBさん（二十二歳）は「見た目がカッコよくてタイプだし、兵役があるので筋肉がある点が魅力的」と話す。

Cさん（二十一歳）も、韓国人男性に興味をもったのはK-POPがきっかけだ。

「パフォーマンスのレベルが高く、練習に一生懸命で、ファンとの距離が近い。メイクをしてるときとしてないときのギャップが良いし、人数が多いので好きなタイプを見つけられます」

できれば日本に住んでいたいが、韓国人男性と結婚して移住することもやぶさかではないという。

「違う文化を知れるし、韓国コスメや美容が好きなので、可能ならそうしてみたいと思います」

韓国人男性の魅力とは？

彼女たちの中にある韓国人男性像は、フィジカルとメンタルにおける男性的魅力に集約される。

「背が高く筋肉質で、女性を甘えさせてくれる声かけができる点」「高身長で色白で美意識が高い。思ったことを率直に言ってくれるし、リードしてくれる」「紳士的で、尽くしてくれる」などだ。

韓国人男性の体格に魅力を感じているというDさん（二十一歳）は「日本人で同じ人を探そうとすると、体育会系か筋トレオタクといったクセの強い人が多い。韓国人は兵役もあって、普通の人の体格がまんべんなく良いし、中身も鍛えられているのでちょうど良いんです」と話す。

ハワイの大学を出て、現在もハワイに在住するEさん（二十三歳）が過去に交際していた在米韓国人（現在は韓国在住）との恋愛も、韓流ドラマのようにロマンチックだった。

「とにかく『君のために何かをさせてほしい』という姿勢が強くて、事あるごとに愛情表現をしてくれた。デート中に寒いと言ったら上着を買ってきてくれたり、誕生日や記念日でもないのに、頻繁《ひんぱん》にプレゼントや花束をくれたりしました」

Eさんがハワイや韓国で出会う韓国人男性は日本に対し友好的な人が多く、日本人女性との交際を望む人も少なくなかったという。元彼も、「Eちゃんは韓国人女性と違って優しい」と語っていたという。

「韓国人女性は嫉妬《しっと》深くて、SNSの写真に他の女性が写り込んでいるだけでも怒るらしいので……」

Eさんが現在やり取りをしている男性も韓国人。以前の彼氏と交際中に日本のクラブで出会い、一目惚《ひとめぼ》れして「乗り換えた」形だ。

「彼には、韓国ドラマで見たことをお願いしたりしていますね。『壁ドンしてよ』と頼んだり（笑）」

だが、韓国人との交際にこだわっているわけではないと話す。

「結婚したら子どもをトリリンガルに育てたいので、多言語話者であればもちろん日本人でも構いません。ただ、私は背が一七一センチあるので、ヒールを履《は》くと男性の身長を抜いてしまうことが多いのですが、韓国人だとそのようなことが少ない点も良いかな（笑）。あと単純に、韓国人の顔立ちが好みなんです」

韓国人男性の平均身長は一七二・五センチで、日本人男性の一七〇・八センチより高い。それほど大きな差はないように思えるかもしれないが、一九九六年生まれの男性の平均身長は日本人が一七〇・八センチであるのに対し、韓国人は一七四・九センチだという（『韓国経済』）。とくに若い世代で日韓の体格差が出ているのだ。

もともとグローバル志向だったEさんは、同じアジア人のなかでも心身ともに日本人よりも「欧米的な」韓国人に惹かれていったのかもしれない。

韓国家族との難しい関係

こうした現象について、当の韓国人男性らはどう思っているのか。

韓国人男性Fさんは、「韓国人女性は一般的に、気が強くてフェミニストが多いです。そのうえ、男に尽くしてもらって当たり前だと思っているので、付き合うとお金も精神も削られます。その点、日本人女性はデートを割り勘にしてくれるし、些細《ささい》なことで怒らないし、束縛もしてこないので付き合いやすいという印象があります。日本人女性に憧れる男は少なくありません」と話す。

こうした憧れが現実になる一方、予期せぬ困難に直面することもある。二〇一九年に韓国に結婚移住したGさん（女性・三十三歳）と、夫との出会いは語学アプリだった。Gさんも例に漏《も》れず、韓国への漠然とした憧れをもつうちの一人だった。

語学アプリなら韓国人男性と接触がもてる。夫も、日本人女性に興味を抱いていた。お互いのニーズが一致し、関係はトントン拍子に深まった。自らの行動を逐一《ちくいち》聞かれることも、「愛されているのだ」と感じて煩《わずら》わしく思うことはなかった。

そうして二年間の遠距離恋愛を経て婚約に至り、晴れてGさんの「目標」は達成された。当初は夫の両親も温かく歓迎してくれ、結婚生活は前途洋々に思われた。だが出産を機に夫の実家からの干渉が徐々に増え、指図してくるようになった。

「舅姑《きゆうこ》との関係に悩む日本人妻は多いと思います。やはり儒教の影響は大きくて、たいていの夫は親の味方をするんです」

何よりもGさんが耐えられなかったのは「プライバシーがないこと」。

「私との揉《も》め事の内容を、夫が知人や友人、親戚中に洗いざらい喋ってしまう。知られたくないこともあったのに、本当に腹が立っています。私は韓国に縁者がいないのに、フェアじゃないでしょう」

思い描いていた理想とは異なるが、せっかく実現した夢だけに、もう少し我慢したいとGさんは語る。

「つい、他の日韓夫婦のSNSを見て自分と比べてしまいます。他の夫婦も、表面的にはうまくいっているように見えても、じつは違うんじゃないか。そうあってほしいと思ってしまう自分が嫌になることもあります」

十九歳の頃から十数人以上の韓国人男性と交際してきたHさん（二十六歳）は、「後にも先にも、韓国人以外と付き合うことはありえません」と言い切る。どれも数カ月の短期的な関係で、まるでコレクションをしているかのようだ。たくさんの「サンプル」を収集するなかで得た実証は、心身ともに暴力を振るってくる男性が多いことだった。

「女性に意地悪なことを言ったり、小突いたり殴ったりすることが愛情だと思っている節があるんです」

性行為の最中に殴られ続け、全身アザだらけになったこともあった。

「それでもやっぱり韓国人が良い。結婚して韓国に住むことが目標」と話すのだった。

靴紐まで結んでくれる男性も

実際、韓国人男性に独特の「魅力」があることは確かなようだ。

韓国人と二年の遠距離恋愛・一年半の同棲を経て、一昨年日本で入籍した「こちゃん」さんは、もともと韓国に関心はなく、憧れも抱いていなかった。韓国との縁がつながったのは、仕事のストレスで不調に陥ったとき、同僚から趣味をもつことを勧められたのがきっかけだ。そこでこちゃんさんは、日本人にとって比較的習得しやすい韓国語を学ぶことを選んだ。そんななか、韓国語の教師に「現地に行ってみることも勉強の一環」と言われ、初めて韓国を訪れた。そして、道に迷ったときに声をかけた男性がいまの夫だった。

夫はなんと初対面のこちゃんさんにハグをし、頰《ほお》にキスをした。さらに電車を待つあいだ、彼女を膝《ひざ》の上に乗せて会話し続けた。通常ならセクシャルハラスメントとして警察沙汰になってもおかしくないはずだ。こちゃんさんは語る。

「そのとおりなのですが……なぜか違和感がなかったんです。初めて会った彼に自分の悩みを打ち明けると、親身に聞いて気遣ってくれました。そんな優しさに心打たれたからかもしれません」

日本人男性との違いは、「とにかく尽くしてくれる点」だという。

「もちろん日本人男性にも優しい人はいましたが、さすがに靴紐《くつひも》まで結んでくれる人は夫が初めてでした。遠距離をしていた二年間、毎日欠かさず電話をしてくれたことで、さらに信頼が深まりましたね」

現在は日本に留学中の夫をこちゃんさんが養い、学費も貸している。

「キラキラしている世間一般のカップルと比べて、私は何をしているんだろうと思ったことは正直あります。でも私は彼の内面が好きなので、一生支え続けたいと思っています」

韓国人男性との関係を望む日本人女性については肯定的にみている。

「憧れる世界に入るために努力すること自体は悪いと思いません。ただし当たり前ですが、国籍で人の善悪を推し量ることはできない。その点だけは気をつけてほしいと思います」

一方で、韓国は好きだが、韓国人との結婚や恋愛までは望まないという女性たちもいる。

都内の日韓交流会で韓国語を学ぶIさん（二十九歳）は「パートナー選びは人生を左右しかねないほどの重要事なのに、特定の国籍から選ぶのは雑だと思う」と話す。

こうした常識的な意見のほかに、もはや「韓国」が記号として機能し始めているという要因もある。男性K－POPグループのStray Kids《ストレイキッズ》にハマっているというJさん（十六歳）は「韓国人の顔が好き。一般的な日本人と全然違う」と絶賛するが、だからといってパートナーを韓国人に限定する気はないという。理由は、「K－POP風の顔をしていれば日本人でも構わないから」。

これについて韓国人男性のKさんは「現実とかけ離れている」と一蹴《いっしゅう》する。平均的韓国人男性の容姿を模した「ハンナムコン」という画像が韓国で話題になったことがある。角ばった顔に細く小さい目、太い縁のメガネをかけた男性のイラストだ。元はラディカルフェミニストたちが自国の男性を嘲笑《ちょうしょう》する意図で広めたものだが、ネットユーザーのあいだで共感を呼び「韓国人男あるある」として定着した。

「韓国人男性に憧れを抱く彼女たちも、実際に韓国に来てみればわかると思いますよ。街中、ハンナムコンだらけだってことをね」（Kさん）

韓国国内の深刻な男女対立

では、韓国人同士の恋愛・結婚事情はどうなっているのだろうか。韓国人女性のLさん（二十七歳）は「最近では、自国の男性と恋愛や結婚をしたいと思う女性が減っていると思う」と話す。

この言葉どおり、韓国の男女の感情的対立は修復不可能な領域にまで及んでいる。建国以来、長きにわたり家父長制や男性中心社会に基づく性差別が根を張り、社会運動でもインターネット上でも、激しい対立が繰り広げられてきた。

その反動として、いま若い女性たちのあいだで「4B4T運動」（B〈Bi＝韓国語の非〉：非恋愛、非結婚、非SEX、非出産／T〈Tai＝韓国語の脱〉：脱アイドル、脱オタク、脱宗教、脱コルセット）が広がっているほか、各地で非婚主義女性団体が発足している。

また『中央日報』は二〇一九年、二十代女性の半分が「脱恋愛」傾向にあると報じた。同紙は二十代三五七人（男性一六六名、女性一九一名）を対象に調査を行なった結果、女性の七〇％が脱恋愛について聞いたことがあり、五〇％が脱恋愛を検討していると回答。フェミニズムが台頭し、女性の社会進出が促進される一方で、恋愛観においてはいまだ「良妻賢母であれ」「清純であれ」といった旧態依然とした価値観がまかりとおっていることに矛盾を覚えるというのが主な理由だ。

一方で、脱恋愛をしたいと答えた男性は八％だった。二十代男性はアンチフェミニストの比率が最も多い年代である。先の韓国大統領選で「女性家族省を両性平等家族省に改変する」という公約を掲げた尹錫悦《ユンソンニョル》大統領を熱烈に支持したのも彼らで、「イデナム」と呼ばれる一大政治勢力となっている。

彼らは、自分たちこそが差別の被害者であり弱者であると認識している。男性が徴兵される十八カ月間に女性は労働市場で有利なポジションを得られるのは不当だとして、女性に対しても徴兵を要求するなど過激な主張をすることで知られるが、その置かれた苦境を考えると無理もない。韓国の二〇二三年一分期（一～三月）の青年（十五～二十九歳）失業率は六・七％で、二〇二二年三・四分期（七～十二月）よりも悪化。

「持たざる者」であるにもかかわらず、依然として男性に経済力を求める風潮にさらされる彼らにとっては、フェミニズムは逆差別を助長する思想にほかならないのだ。こうした韓国国内のジェンダー対立は、〇・七八（二〇二二年）という超低出生率の遠因の一つとなっているという見方もある。

同様に日本でも、性的不平等の解消が社会的課題の一つとなっているが、そんななかで日韓の若い世代における一部の男女が互いに抱く幻想はジェンダーステレオタイプに回帰しており、過度なルッキズムもその発現だ。結婚移住をして子どもを産みたいという欲求も家父長的だ。

ともにジェンダーギャップ指数が低水準にある日韓で起きている急速な社会変容の狭間《はざま》で、若い男女が、自国で満たされなかった自尊心や得られなかった承認を求めて結びついているのだとすれば、そこに両国の課題が見えてくるのではないか。

第十三章

カラダを売らざるをえないZ世代

中村淳彦

なかむら・あつひこ　ノンフィクションライター。大学時代から二十年以上、AV女優や風俗、介護など、貧困をフィールドワークに取材・執筆。著書に『AV女優消滅』（幻冬舎新書）、『崩壊する介護現場』（ベスト新書）、『名前のない女たち』シリーズ（宝島社、劇場映画化）、『東京貧困女子。』（東洋経済新報社）、『貧困女子の世界』（宝島社SUGOI文庫）など多数。近著に『ずるい傾聴術』（かや書房）がある。

強盗に走る男、売春に陥る女

二〇二三年一月に東京都狛江《こまえ》市で高齢女性が暴行されて死亡する強盗殺人事件、五月には銀座ロレックス強盗事件が起きた。狛江市の事件では二十一歳の土木作業員、十九歳の大学生を含む四人の実行犯が逮捕され、銀座の事件は犯人全員が十九歳以下の未成年だったことで戦慄《せんりつ》が走った。

一方、歌舞伎町の大久保病院前では毎日、日本人の街娼《がいしょう》たちがズラリと並んで売春行為が繰り広げられる。「たちんぼ」と呼ばれる違法行為をするのは、主にZ世代の女性たちで、カラダを売る理由は、昼間の仕事の給料が安い、大学の学費のため、「推し活」やホストクラブ代などさまざまだ。

女性や若者を直撃する日本の貧困問題、世代格差は行きつくところまで到達し、男の子は闇バイトで強盗、女の子は売春という異常な事態を生んでしまっている。戦後の混乱期に頻《ひん》発《ぱつ》した強盗は重罪であり、女性の街娼行為は売春防止法で厳しく禁止される。にもかかわらず、一線を越えてしまう若者たちがあとを絶たない末期的な状態となっている。

筆者は女性を中心に貧困問題の取材を続けるが、現在の日本の貧困化の分岐点となったのは二〇〇四年だ。深刻な少子化が進行し、国や自治体、親たちが大切に育てた男の子たちが強盗となり、女の子たちを売春婦にさせている凄惨《せいさん》な現状を見ると、政府は舵取《かじと》りを圧倒的に間違ったとしか思えない。

日本の貧困を本格化させた年

さて、二〇〇四年に一体何があったのかを見ていこう。

二〇〇四年四月、独立行政法人日本学生支援機構が発足して大学奨学金の有利子融資を開始した。学費を続々と値上げしながら、受益者負担の名のもとに世帯年収が低いと認められた家庭の学生と貸借契約し、借金を抱えさせるというものだった。雇用の非正規化で学生の親世帯が貧しくなり、学生は多額の借金を背負うことが常識となった。

政府は一九九〇年代半ばから雇用の自由化をめざして、労働者派遣法の改正を繰り返していた。そして二〇〇四年三月、製造業の派遣を認めたことで非正規雇用が本格化した。日本はジェンダー指数が低い国であり、地方を中心に男尊女卑、家父長制、長男文化が根深く浸透している。女性から続々と非正規雇用に移され、労働者の低賃金が常態化した。

もう一つ、二〇〇三年に開始され、二〇〇四年に激化した歌舞伎町浄化作戦である。当時の石原慎太郎都知事が警察官僚竹花豊氏を招聘《しょうへい》し、歌舞伎町の店舗型風俗店を立て続けに叩《たた》き潰《つぶ》した。そして、その動きは関東全域に広まった。店舗型風俗店は昭和時代から貧困女性の最後のセーフティネットとして機能したが、女性の貧困が本格化する分岐点となった二〇〇四年に潰してしまったのである。

良質な雇用を奪い、未成年の大学生に有利子負債を抱えさせ、女性たちのセーフティネットまで奪ったことで深刻な貧困の時代が幕をあけた。この副作用として起こったのが、単身女性の三人に一人が該当する女性の貧困、七人に一人の子どもの貧困、そして深刻な学生の貧困であり、大切に育てた子どもたちを最終的に売春婦にさせてしまっているという状況だ。

歌舞伎町の売春婦は、「ホス狂い」と呼ばれるホストクラブに過度に没頭する女性客が多い。政策による貧困とは違うという意見があるが、じつはそうではない。二〇〇四年から本格化した雇用の非正規化で、企業は若い女性たちを部品やコマのように扱った。雇用に身分をもうけて、若い女性たちに非正規という代替が利く低賃金労働をさせたことで、多くの女性たちは希望を失った。

希望がなければ生きてはいけない。居場所や趣味すらない非正規の女性たちが、ホストや過剰な推し活にハマった。好きな人を応援するための資金を稼ぐために、非正規の一般女性たちが続々と風俗や街娼に走っている。よって、現在大流行する一般女性の売春は、女性から希望を奪った雇用の非正規化の副作用とも言えるのだ。

犯罪の一線を悠々《ゆうゆう》と越えてくる貧困の深刻な現状は、日本の貧困化が本格化した二〇〇四年の分岐点に、すべてつながってくるのである。

奨学金返済のためにパパ活

「奨学金の金額が大きすぎて、自分がどれだけの借金を抱えているのかわからない。いまの段階だと、とても返済できるとは思えない。お金が圧倒的に足りてないことだけはわかるので、稼がなきゃって意識はある。だからパパ活やってみようかなって」

茶飯（セックスなし）のみのパパ活をする藤井優花さん（仮名、二十一歳）は、都内の最難関私立大学三年生。誰が眺めても美人、美しいという風貌の女性で、彼女は戦略的にパパ活をする。自ら男性を検索し、自己紹介や職業、収入をチェック、自分から「お会いしたい」とメッセージを送る。お金をもらうことが目的なので、相手の年齢は重要視していない。お茶一（万円）、食事二（万円）の要求と肉体関係になることはしないことを徹底し、いまのところ月一〇万円程度を稼いでいる。

「パパ活は高校の友だちも、大学の友だちも、みんなやっています。高校の友だちから聞いたのがきっかけ。そのときは興味なかったけど、大学でも、何かいいバイトない？　みたいな話題になると、冗談交《ま》じりでパパ活をしたいねってなる。周りの友だちがどんどん始めて、みんなやっているから私もやった。お茶するだけで一万円とか食事で二万円とか、すごく効率がいいと思った」

十数年前から入試難易度にかかわらず、大学は貧困の巣窟《そうくつ》となっている。理由は学費の高騰《こうとう》、親からの援助減少、授業優先のアルバイト収入減少で、大学昼間部の奨学金受給率は四九・六％（「令和二年度学生生活調査」）、平均借入金額は三二四万三〇〇〇円（労働者福祉中央協議会調べ）と深刻な状態となっている。

一方、現在七十代の団塊《だんかい》の世代の国立大学授業料は当時一万二〇〇〇円で、さらに彼らには消費税も携帯代も光熱費の上昇もなかった。壮絶な世代格差の側面が、安価な大学学費と税制だけで説明できる。このように貧困状態を強制するとパパ活、水商売は常識となり、性風俗や売春する女子学生も膨大《ぼうだい》に現れてくる。

学費のためにカラダを売る

「いま、大学は春休みなので、週五日～六日で出勤しています。十四時～閉店二十四時まで、ほぼ毎日。稼いだ金額は先月七五万円、先々月五〇万円くらい。でも、この前、風俗していることがお母さんにバレた。実家を出て、いまは一人暮らし。親とは絶縁状態なので、学費のほかに生活費が必要になった。もう休みの期間中は限界まで働くしかない。私立なので学費が年間一一〇万円、残り二年間あって二二〇万円必要で、時間があるときに働いて貯金したいってことでの鬼出勤です」

松本未來さん（仮名、二十歳）は、地方にある中堅私立大学三年生だ。ほとんど休むことなくソープランドに出勤する。清楚な優等生風で、大学では体育会系の部活に所属（活動は土日のみ）し、グローバルビジネスの研究をしている。大学の授業期間中は土日を中心に、休み期間中はほぼすべての時間を店の個室で過ごしている。オンライン授業はソープランドの個室で受けた。

「最初は店舗型ヘルスで働きました。高校三年のとき、国立に落ちたら私立、私立に行ったら風俗やるって決めていました。それまでの男性経験は一人だけです。経験はほとんどないけど、なんとかなるって自信はありました。実際にやってみて、キツイけど、やっぱりお金もらえるのが嬉しかった。精神的にもダメージのある仕事でしたけど、お金もらえるっていうのと、お金が貯まる、大学に行くことができるっていうのがすごい、私にとって幸せだった。だから続けています」

国立大学に落ちたことで、母親に「奨学金で大学に行け」と言い渡されている。両親は正規雇用の県庁勤務で、世帯収入は一二〇〇万円を超える。しかし、両親が学費の援助を拒否したので、私立に進学先が決まった高校三年三学期に高校の教室で風俗嬢になる決意をしている。大学入学以降、中年男性に肉体を貪《むさぼ》られる毎日だ。

「自分は何しているのだろう？　って、よく思います。成人式の日は変なお客さんが多かったこともあって、すごく落ち込みました。学校の友だちとか部活の仲間とか、普通のレストランとか居酒屋とかのバイトで、なんとかやりくりしているわけじゃないですか。でも私はこうやって一日何時間も働いて、おじさんの相手して、いつも裸で全身を舐《な》められて、何しているんだろうって。まともじゃないなーって悲しくなるときは、めっちゃありますＪ

彼女のような厳しい境遇は、大学生では珍しくない。両親は平均以上の所得があるのであらゆる給付奨学金、第一種奨学金は対象外であり、学生生活にかかるお金を肉体で稼がなければならない。団塊ジュニアの両親、団塊の世代の祖父母は、彼女に自分の学生時代の価値観で語る。未來さんの壮絶な苦境を何も理解していない。家族の無理解と高額な学費がのしかかり、欲望に飢《う》えた中年男性を相手に性的サービスを提供し続ける、という悲惨な状況に陥《おちい》っている。

歌舞伎町の街並み（著者撮影）

性行為がツラいホスト

過酷な状態に陥るのは、女子学生だけでない。男子学生もギリギリを超えた学生生活を強《し》いられる。MARCH四年生の大橋巧さん（仮名、二十二歳）は、大学三年の夏休みから歌舞伎町でホストをしている。

「親は貯金を切り崩して学費を払ってくれていました。でも、コロナになって学費はとても捻出できない、もう不可能だってことになった。まして、大学院進学なんてとんでもないって。じゃあ、僕が働くってなってホストになった。いざ、ホストをやったら院試の勉強が追いつかなくて、勉強まで手が回らなくて、どうするの？　っていうのがいまです。来年、進学は諦《あきら》めて就活すると思う」

東北出身、県立の超進学高校出身である。子どもの頃から勉強好きで、大学進学後もホストになるまでずっと勉強ばかりしていた。大学近くを歩いているとき、ホストにスカウトされている。

「大学近くのスタバで、ホストになるって決めました。スカウトの方に言われたままアプリを登録して、童貞は捨てました。歌舞伎町は本当に一度も行ったことなくて、慣れない世界すぎた。でも、入店するとホストの先輩の方々が優しくて、僕でも働けるような店だったからギリギリ働けている。もう一年近くやっているので馴染《なじ》めてはいるし、根の真面目さというか、しっかり挨拶ができるから、一応店や先輩から好かれてはいます」

童貞だった巧さんは、歌舞伎町のホストになった。新人ホストはマッチングアプリで女性客を探して、客になる子を口説《くど》いて売上をあげる。膨大な「いいね」を押して、膨大な人数の女性とつながっている。ほとんどの女性は巧さんがホストであることは知らずに、恋愛するつもりでコミュニケーションをとっている。女性を騙《だま》していることになり、心が苦しくなる。

「ホストの、すべてがキツイし、ツラい。とくに、女性とセックスが……ツラい。でも、やるしかないのでやっています」

ホストクラブでの日常を話しているうち、巧さんは涙目になって泣いてしまった。好きでもない知らない女性との肉体関係が本当にツラいようで、ギリギリの精神状態に見えた。ホストはその時間に接客するだけでなく、女性客と疑似恋愛する。女性客はホストに恋愛感情があるケースが一般的で、肉体関係に発展することもある。肉体関係になって客をつなぎとめる「枕営業」と呼ばれる営業方法だ。

「枕営業は絶対にしなきゃならないわけじゃないけど、相手が期待している場合がある。一回しちゃったらもう店に来なくなるパターンもあるけど、うちの店は、ここでしたら、より熱くなるって場面を先輩が見極める。だから、今日は行けって言われたらやるしかない。それが、まあ、キツイです」

卒業まであと一年、ホストクラブで働くしか手段がない。女性との肉体関係が嫌でも、学費のために辞めるわけにはいかないのだ。

Z世代による売春が常態化

新宿歌舞伎町の大久保病院前、夕方を過ぎると街娼の女性がわらわらと集まる。そして、女性の数を超える中年買春男性たちが、少し離れた場所から獲物を探すように女性たちを眺めている。病院前に女性が立つと、一分もしないうちに群がるように男性たちから声をかけられる。

昭和の時代から街娼行為は最終手段で、健康や精神を崩した女性や不法入国した外国人女性が手を染める行為だった。しかし、二年ほど前から一般の日本人女性が集《つど》う。

「人が増えてくるのは十九時過ぎ。十九時くらいに立つと、すぐ声がかかる。お姉さんは遊べる人？　って。いくら？　って聞かれるから、交渉成立したら遊ぶ。最近はゴムあり一万五〇〇〇円。私、ずっと二万円って言ってきたけど、最近一気に値段が下がった。いまは一万五〇〇〇円でやらざるをえないです」

そう語る星野恵梨香さん（仮名、二十五歳）は親と同居、昼間は地元のスーパーマーケットで正社員として働く。街娼歴は二カ月、ホストクラブに行くために大久保病院前に立つようになった。売春価格は需要と供給で決まる。Z世代の女の子たちがこぞって病院前に立ったことで供給過剰になり、しばらく前からデフレ状態になっている。

「おじさんが調子に乗って値下げしてくる。一万五〇〇〇円でさえ、めちゃ渋られる。貧乏なおじさんしかいない」

中年買春男性たちが若い女性たちの肉体を買い叩き、二万円に届かないお金でカラダを売るのが恵梨香さんの現状だ。声をかけてきた中年男性とホテルに行ってセックスして、それを三回ほど繰り返してからホストクラブに行く。そして深夜に帰宅し、翌日はスーパーマーケットに出勤する。

歌舞伎町ではZ世代による売春が常態化し、いまはモテない未婚の中年男性をターゲットにした恋愛詐欺が流行している。生涯未婚率の上昇が止まらない社会状況である。寂しい中年男性に女性たちが近づき、色仕掛けをして男性の財産を奪うことが横行、その方法が情報商材としてマニュアル化もされている。

二〇〇四年を分岐点にして始まった日本の貧困は、ずっと見えないところで国民を蝕《むしば》んできたが、Z世代の登場によって強盗、街娼と見える事象として社会に現れるようになった。世代格差が限界を超え、持つ者から奪うという局面に突入しているのだ。

長年続いたシルバー民主主義、高齢者優遇を早急に見直し、現役世代に目を向けなければならない状況であることは明白だ。

第十四章

「推し」が出るならテレビを観る

道満綾香

どうまん・あやか　N.D.Promotion 取締役／Z総研トレンド分析担当。兵庫県出身。大学在学時に女子大生のマーケティングを目的としたTeamKJを設立し、プロデューサーを務める。大学卒業後はリクルートグループに入社。その後、スタートアップ数社でZ世代を対象としたプロモーションに従事。現在は、Z世代のプロモーションやインフルエンサーのキャスティングを行なうN.D.Promotion 取締役を務め、Z世代の研究メディア「Z総研」ではトレンド分析担当。

韓国文化に触れる一環としての韓ドラ

昨今は定額動画配信サービスが充実し、誰もがいつでも、テレビやPC、スマホの画面で好きな動画を観られる時代になりました。読者の皆さんのなかにも、ドラマやアニメ、映画をテレビのリアルタイムのみならず、Amazon プライム・ビデオ（アマプラ）、Netflix（ネトフリ）、Hulu、Disney+といった定額動画配信サービスを登録して観ている方も多いのではないでしょうか。

私は、Z世代（一九九五年以降生まれの若年層）の研究メディア「Z総研」でトレンド分析を担当しながら、N.D.Promotionの取締役として、Z世代のプロモーションやインフルエンサーのキャスティングに関わっています。動画配信サービスにとって重要な視聴者であるZ世代はどんなコンテンツをどのように観ているのか、本稿では私が携わるZ総研ほかの各種調査やZ世代の「生の声」をもとに見ていきます。

まず、Z世代はどんな定額動画配信サービスを利用しているのでしょうか。

アプリ分析サービス「App Ape」による二〇二一年七月の推計によると、十代と二十代の定額動画配信サービスの月間利用者数上位三位はともに、①アマプラ、②TVer、③ネトフリの順でした。アマプラについては、Amazonプライムに登録することで動画を含む多分野のサービスの利用が可能となり、動画以外の目的の利用者も含まれるため人気が高いと考えられます。

一方で、同調査の五十代の一位はTVer、二位はアマプラと順位が逆転しています。テレビ世代である五十代には、テレビ番組の無料見逃し配信動画サービスであるTVerのほうがより多く利用されていると見られます。ただしTVerは無料のサービスであり、有料の月額サービスであるアマプラやネトフリよりも気軽に利用できる点も影響しているでしょう。

私がZ世代の当事者にヒアリングしたなかでは、アマプラは家族が会員登録していて利用する人が多く、ネトフリではコンテンツを観るために自身で契約している人が多い印象です。

人気の作品は、アマプラでは『HITOSHI MATSUMOTO presents ドキュメンタル』『ザ・マスクド・シンガー』といったバラエティ、また恋愛リアリティ番組『バチェラー・ジャパン』でした。

ネトフリでは韓国ドラマや映画・アニメの視聴者が多く、ネトフリオリジナル作品も人気です。韓国ドラマは物語の内容のみならず、出演女優のメイクやコスメ、服などファッションを真似するために観る人も少なくないようです。Z世代のとくに女性はK-POP好きが多く、韓国の文化全体に触れる一環として韓国ドラマを楽しんでいるのです。

作品を観るきっかけは切り抜き動画

では、Z世代は動画コンテンツをどのように観ているのでしょうか。ライターの稲田豊史《いなだとよし》さんの著書『映画を早送りで観る人たち』（光文社新書）が話題になったことで、若い世代の

「倍速視聴」(動画の再生速度を早くする視聴方法)や「ネタバレ視聴」(物語の結末を知ったうえで観ること）について聞いたことがある方、実践している方もいるかもしれません。

損保ジャパンの二〇二二年九月の調査によれば、倍速で動画を視聴するZ世代は七〇％に及び、上の世代と比べて最も倍速視聴をする世代です。私がヒアリングした限りでは、「倍速視聴」や「ネタバレ視聴」、さらに「ながら視聴」（別の作業をしながら動画を観ること）も含めれば、Z世代のほとんど全員が、いずれかの視聴方法を経験したことがありました。

「倍速視聴」をする理由としては、「時間がもったいないから」「早く結末が知りたいから」などが挙げられ、いわゆる「タイパ」（タイムパフォーマンス）を重視する傾向が見られます。「ネタバレ視聴」については、「先に結末を知って良い作品か判断したうえで、観るかどうかを決めたい」ようです。

Z世代は膨大な情報やコンテンツがあふれる環境で育ってきたからこそ、その取捨選択に敏感です。面白いコンテンツなら全部観たいけれど、面白くないのなら時間もお金もかけたくない。だから「ネタバレ視聴」することで、リスクヘッジをしているとも言えます。彼ら彼女らは時間に追われているというよりも、「自分の時間をできるだけ目一杯楽しみたい」というポジティブな気持ちからタイパを重視しているのです。

作品を知るきっかけとして多いのは、Instagram（インスタ）やTikTokにアップされている切り抜き動画です。切り抜きは本来違法な動画ですが、最近はその反響の大きさもあって、ドラマや映画の公式アカウントが活用する場合も少なくありません。

Z世代は、ドラマやバラエティのキュンキュンするシーン・面白い場面が数十秒だけ抜粋された動画を観て、気になったらアマプラやネトフリでの視聴に至るのです。ただしここでも、作品を最初からちゃんとすべて観るのではなく、「倍速視聴」「ネタバレ視聴」「ながら視聴」を駆使しながら作品に触れていきます。

Z世代はテレビを観なくなっているのか？

こうしてZ世代のコンテンツへの接し方を見ていくと、「倍速視聴やネタバレ視聴で作品を十分に堪能《たんのう》できるはずがない」と思われる方もいるかもしれません。ただ、Z世代は何もすべてのコンテンツでこうした観方をしているわけではありません。お気に入りの作品は何度も繰り返し視聴するなど、コンテンツを目的に応じて「戦略的」に観ています。

なかでもZ世代が多くの時間を費《つい》やすのが、「推し」（アイドルやアニメのキャラクターなどイチオシのメンバー・人物）が出演している作品です。SNSや定額動画配信サービスの発達によって「テレビを観なくなっている」と言われるZ世代ですが、推しが出ている番組が見逃し配信されていない場合もあるため、テレビをリアルタイムで観ることも珍しくありません。

Z総研が二〇二一年八月にZ世代を対象に行なった調査では、「現在放送しているドラマを観るときはリアルタイムで観ますか」という質問に対し、「テレビでリアルタイムで観る」と答えた割合が三八・九％と最も高く、続いて「無料見逃し配信で観る」が二四・九％、「サブスクリプションサービスで観る」は一〇・〇％でした（図1）。Z世代はSNSを通じて情報を収集し、推しが出ている番組を入念にチェックしてテレビを観ています。

推しが出ているドラマや映画は「ネタバレ」されないようにリアルタイムで視聴し、出演シーンを見逃し配信や録画で何度も観返します。推しが番組の一部に登場する場合は、出演時間をファン同士でSNS上で共有し、そのタイミングのみ視聴することもあります。SNSでは「推し活」（推しを応援する活動）専用のアカウントをつくり、推しが登場する場面で実況中継のように感想を投稿してファン同士で盛り上がります。推し活をきっかけに、リアルの友人に発展することもあります。

かつては、SNSのリプライやDM（ダイレクトメッセージ）などから知り合うのは危な

図1　現在放送しているドラマを観るときはリアルタイムで観ますか？

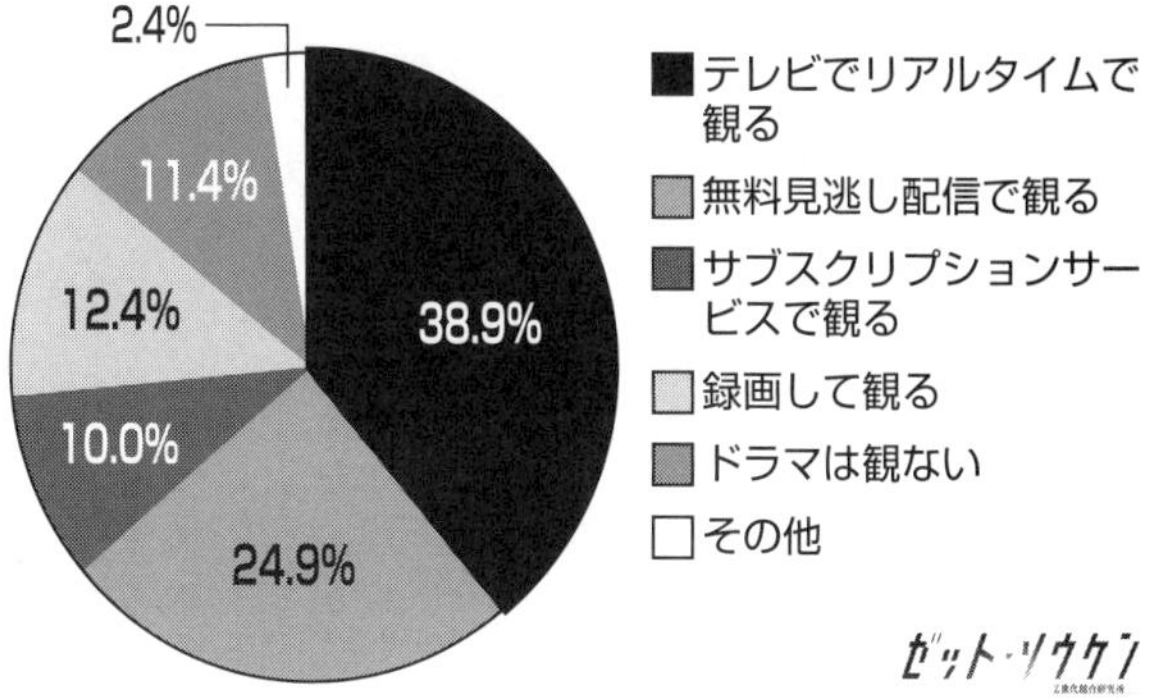

ゼット・ソウケン

いという風潮がありました。ただ、Z世代はネット媒体とともに成長してきた「デジタルネイティブ」ですから、ネットリテラシーにはかなり敏感です。インスタやX（旧Twitter）でやり取りをするなかで相手の性質を観察し、アカウントもチェックして、怪しい人ではないか入念に見極めます。Z世代はSNSの使い方に十分配慮したうえで、推しをきっかけに人びととつながっています。

このように「推し活」によってファン同士がつながることは、素晴らしいことだと私は捉えています。一昔前はアイドルやアニメが好きだと言うと、「一部のヲタク」「暗い」といったネガティブな印象がもたれる空気がありました。でもいまは好きなものを、自信をもって「推す」ことができる。Z世代にとって「推し」が存在することはいまや当たり前であり、そこから交流が生まれることも少なくありません。Z世代は「好きなものを好きと言える社会」を後押ししているのです。

またZ世代は、好きな作品を自身の学習にも活かしています。ネトフリでは外国語字幕と日本語字幕を同時に表示することができるため、語学力向上に使っている人もいます。お気に入りの韓国ドラマを流し、ハングル字幕と日本語字幕を画面に同時に表示する。再生速度を調整することで、習熟度に応じて学習することができます。「推し」が出演している作品なら自然と関心も高まりますから、語学の習得も早まるはずです。Z世代は作品の新たな活用法を生む可能性も秘めているのです。

「王道の展開」のリバイバル

最近Z世代のあいだで話題になった日本のドラマとしては、『王様に捧《ささ》ぐ薬指』（王ささ）、『あなたがしてくれなくても』（あなして。いずれも二〇二三年春クール）が挙げられます。エンタメ情報WEBマガジン「TVマガ」を運営する株式会社WonderSpaceが二〇二三年五～六月に実施したWEB調査によると、「Z世代が今熱いドラマ」は同率一位で『王ささ』

と『あなして』でした。どちらも漫画原作が人気の作品という共通点がありますが、それぞれにはZ世代に支持された別の特徴があります。

『王さき』は、橋本環奈さん演じる絶世の美女・羽田《はねだ》綾華と、山田涼介さん（Hey! Say! JUMP）演じる経営者・新田東郷《にったとうごう》が契約結婚から恋愛に発展していくラブストーリーです。距離のある男女が次第に惹《ひ》かれ合っていく王道の恋愛ドラマで、Z世代のあいだで話題になったドラマ『silent』（二〇二二年秋クール）や韓国ドラマ然り、オーソドックスな展開は若者のあいだでリバイバル的に支持されています。先ほど述べたように、内容の面白さがある程度保証されている作品を観たいZ世代にとって、王道の物語は安心して楽しむことができるからです。

また『王さき』は、Z世代の「推し」を意識した仕掛けが実践されています。主演の橋本さんや山田さん、さらに羽田陸《りく》役の長尾謙杜《けんと》さん（なにわ男子）のアクリルスタンドが公式グッズとして販売されています。SNSでは、推しのアクリルスタンドを持ってロケ地を聖地巡礼する画像が多くアップされていました。たとえば綾華と東郷が新婚旅行で訪れた箱根に足を運ぶことで、物語の世界観により深く入り込めるわけです。アクリルスタンドを学校や職場に置くことで、推しと一緒に勉強や仕事に精を出す人もいます。

一方の『あなして』は『王ささ』のような王道の展開とは異なり、夫婦のセックスレスをテーマにした物語です。私がZ世代に聴き取りしたなかでは、「セックスレスは自分たちにも起こるかもしれない問題」と捉えて興味を抱く人が多数見られました。

「いまの若者は社会問題への関心が低いのではないか」と思われる方もいるかもしれませんが、そんなことはありません。Z総研とマイナビ転職の共同プロジェクト「はたらきかたラボ」が二〇二二年八月に実施した調査によれば、Z世代の八割以上がSDGsに「興味が非常にある」もしくは「興味がある」と回答し、SDGsの一七の目標のなかで最も興味関心が高い分野は「ジェンダー」でした。

ジェンダーの問題とセックスレスが直接的に結びつくわけではありませんが、私がヒアリングしたなかでも、とくに女性はジェンダーや恋愛、結婚、子育てに関心をもつ人が多いことがわかっています。Z世代は性の問題についてもSNSなどで多様な価値観に接しているため、旧来の恋愛・結婚観に縛られず、性の問題にもフラットに向き合っているのだと考えられます。

多様な価値観を受け入れるヒントに

Z世代のコンテンツ消費は「受動的」「タイパ重視」とよく語られます。たしかにそうした側面がある部分は否《いな》めません。ただこれまで述べてきたように、Z世代はあらゆる情報があふれるなかで情報に受動的に接していることを自覚したうえで、タイパを意識しながら、自らに必要なコンテンツを主体的に取捨選択しています。

他方で、自分が本当に好きと思える推しには時間やお金を惜《お》しみません。同時に、SNSを駆使しながらファン同士でつながり、コンテンツのさまざまな視聴方法を実践しています。社会問題への関心が高く、多様な価値観を受け入れる柔軟性もあります。

「それぞれの個性を認め合い、尊重する」。価値観の違いから世代間で対立することもあるなかで、Z世代のコンテンツ消費には、他者を尊重するヒントが詰まっているのです。

第十五章

『古見さんは、コミュ症です。』に見る、イベント化した日常世界

谷川嘉浩

たにがわ・よしひろ　京都市立芸術大学デザイン科専任講師。一九九〇年生まれ。京都大学大学院人間・環境学研究科博士後期課程修了。京都市立芸術大学デザイン科デザインB専攻講師。著書に『スマホ時代の哲学』（ディスカヴァー・トゥエンティワン）、『鶴見俊輔の言葉と倫理』（人文書院）、『信仰と想像力の哲学』（勁草書房）、『メディア・コンテンツ・スタディーズ』（共著、ナカニシヤ出版）、『ネガティヴ・ケイパビリティで生きる』（共書、さくら舎）、『〈京大発〉専門分野の越え方』（共編著、ナカニシヤ出版）などがある。

人生は芸術を模倣する

二〇一六年から『週刊少年サンデー』（小学館）でオダトモヒトが連載している『古見《こみ》さんは、コミュ症《しょう》です。』（以下『古見さん』）という漫画がある。コミックス累計発行部数は一二七〇万部を超えており、アニメ化・ドラマ化もなされた人気作だ。一風変わった特性をもった学生が集う高校を舞台にしたコメディテイストの学園もので、「日常系」と呼ばれるジ

ャンルの一角を占《し》めている。

日常系という言葉に耳馴染《みみなじ》みがない人もいるかもしれない。日常系は、政治や社会問題やニュース（政局、災害、戦争、パンデミック、貧困など）が登場することなく、ただ身の回りの出来事が、その範囲を超え出ることのないまま描かれる作品を形容する言葉だ。そこでは、穏《おだ》やかな日々が淡々《たんたん》と描かれることもあれば、他人から見れば些細だが本人にしてみれば重大な変化が丁寧に描かれることもある。

『古見さんは、コミュ症です。』第1巻

詩人のオスカー・ワイルドは、「芸術が人生を模倣《もほう》するよりもはるかに、人生が芸術を模倣している」と言った。よくある考え方では、芸術は現実の写しや反映であって、いわば現実を「原作」ないし「元ネタ」としながら芸術は作られているとされる。しかし、ワイルドによると、この考えは逆転されるべきである。つまり、芸術が日常を反映するというより、日常のほうが芸術をなぞっている。

私たちの日常は『古見さん』を模倣するかのようにできている。では、どのような意味で私たちは『古見さん』を反復しているのだろうか。表象文化論研究者の石岡良治《よしはる》は、この作品を「プロム」になぞらえ、『古見さん』の描く日常が常時祝祭モードであることに注目している（X@yishioka 二〇二二年五月二十二日）。プロムは、卒業を控えた高校生のために行なわれるダンスパーティーのことだ。プロムのような賑やかで特別な機会が、常時行なわれているようなハイテンションな日常。『古見さん』を模倣するように、私たちの日常がプロム化している。

芸術は生活に先行する。だから、先鋭的な芸術作品を吟味《ぎんみ》すれば、作品だけでなく、私たちの生活の本質までもが照らし出される。そして、『古見さん』を通じて明らかになる私たちの生活の本質とは、「プロム化した日常」である。賑やかで華々しく彩られたイベントを軸に、日々のリアリティが編成される。以降では、この中身を具体的に検討していこう。

生活のあらゆる局面が「イベント」化する

人と関わることに極度の困難がある極端な人見知りでありながら、勉学やスポーツの優秀さや、目立つ容姿ゆえに学園の人気者になっている古見《こみ》硝子《しょうこ》が、『古見さん』の主人公である。コミュニケーションが不得意な人物の思いを察することに長《た》けた只野仁人《ただのひとひと》が、古見の悩みに気づき、彼女が抱えている「友達を一〇〇人つくりたい」という素朴《そぼく》な願いを叶えることに協力することになる。

重要なのは、この二人だけでは物語が決して進まないところだ。只野は、察しがよくて思いやりがあるものの、積極性や幅広い人間関係をもっておらず、彼女の思いを後押しする直接的なきっかけをつくることができない。物語として成立させるために、この膠着《こうちゃく》状態に変化を与える外的要因が必要になってくる。

その役割を担うのが、友人が異常に多く（全校生徒と幼馴染）、他人との距離を詰めるのがうまい、長名《おさな》なじみ、という人物である。長名が力を貸すからこそ、「友達がほしい」という願いはかたちになり、物語は動き出す。長名は、何かと世話を焼いて古見や只野に関わり、「消しゴム飛ばし」のようなくだらないことも、体育祭やバレンタインのような季節の出来事もイベント化する。イベントをきっかけとして、着実に古見の交友関係は拡《ひろ》がるし、友達同士の仲も深まっていく。

イベントの実例も眺めてみよう。「よし！　じゃあ『古見さんに選んだ服を着てもらおうコーデバトル』開催！」（二巻）、「誰が一番息止めてられるか勝負しようよ！　最下位が一番にジュース一本ね！」（三巻）、「第四回‼『絶対にうるさくしてはいけないテスト勉強in図書館』～～～～ッ！」（一二巻）。

誕生日会や対戦ゲームのトーナメント（二一巻）も、一発ギャグなどの無茶ぶり（二四巻）も、長名らが宣言して一つの企画に仕立てあげることで、プロムのように盛り上がるイベントになる。日常がコメディのようにドタバタ笑いに満ちた華やかなものになっていく。こうした日常感覚からすれば、人間関係を深めるプロセスも、誰かの悩みを解決することも、すべてが祝祭的でハイテンションなものとして描かれうる。

日常がプロム化するとは、生活のあらゆる局面が「イベント」化することだ。ただし、物事が「イベント」になるためには、みんなの注意を一挙に誘い集める古見のような力と、些細なことをイベントに仕立て上げる長名のような力が必要となる。私たちが芸術（『古見さん』）を模倣しているのだとすれば、この二つの力の必要性は何を意味するのだろうか。

アテンションエコノミーとインフルエンサー

インターネット以降の「注目」（注意）をベースにした経済のあり方は「アテンションエコノミー」（注目経済）と呼ばれる。情報や中身の質よりも、関心や注意が集まっていること自体が経済的価値をもたらすという発想である。この言葉が面白いのは、「注意を払う」という英語がもっているニュアンスを活かしているところがあるからだ。

〝pay attention〟の〝pay〟には「お金を支払う」という意味があるけれども、インターネット以降の経済では、金銭の代わりに「注意を支払う」ことは珍しくない。SNSや検索エンジンなどのウェブサービスは無料で利用可能なことも多いが、対価なしにメリットを得ているわけではない。利用者は自分の行動データを産出する労働に従事している。データの一部はサービス向上のために使われ、残りが行動予測に用いることができるデータとして、マーケティングその他の目的に利用できる「商品」に変換されて販売される。消費者は、予測商品の素材となるデータを企業に引き渡すことで無料サービスを得ている。このような意味で、私たちは注意という対価を「支払っている」。

一度に複数の対象に注意を払うことはできないし、注意のための時間も活力も限られているので、「アテンション」は、希少な資源であり、注目が集まるものほど価値があるという性質をもっている。つまり、アテンションエコノミーと呼ばれる経済のもとでは、トレンドに「居合わせる」こと、「立ち合う」ことへの価値が高まる。

消費者の側からすると、みんなが話題にしているもの、集っているところ、語っていること、真似している服装、食べているものに「居合わせ」て、自分もその一端《いったん》を担うことが一つのステータスになりうる。その様子をSNSに投稿し、ほかのみんなから「いいね」をもらえれば万々歳《ばんばんざい》、というわけだ。

そうすると、居合わせるべきテーマを知るにはどうすればいいかということが問題になる。そういうニーズを持った消費者が追いかけるのは、SNSで活動する「インフルエンサー」だ。インフルエンサーとは、人々から注目を集めるあまり、自分の注目している話題や対象をほかの人に感染させ、トレンドを生み出すことのできる人物である。

しかし、インフルエンサーが持続的にアテンションを集められるかわからないし、自分の向けるアテンションのすべてが好意的な反応を得るとは限らない。そういうときに大事になるのが、インフルエンサーの演出や企画に関わる人材、つまりプロデューサーである。

古見と長名の組み合わせは、実質的にこのタッグに相当する。古見は、自分でトレンドを生み出すだけのアテンションを容易に集められる素質をもつインフルエンサーとしての働きを担っており、長名は、人びとが彼女に注目を向け続けられるように、居合わせるべき話題やイベントを用意するプロデューサーとしての役割を果たしている。『古見さん』の物語は、アテンションによって駆動するYouTubeやInstagramのような仕方で構成されているのだ。

体験の「リアル」と、SNSによる確信

『古見さん』と私たちの接点を理解するために、アテンションエコノミーの中核にあるSNSについて考察を深めよう。そもそも、私たちはいつSNSに投稿しているだろうか。

　大抵は何かあったとき、何かをしたときだ。何もないし何もしていないときにSNSは更新しない。SNSで投稿したいなら、仮に何もなかったとしても、とってつけたように何かをしてみたり、何もないこと自体を面白がって針小棒大《しんしょうぼうだい》に語ったりする。つまり、自分の現状を実況しシェアするためには、「何か」がなければならないし、「何か」をしなければならない。こうして世界にシェアされている「何か」こそ、「イベント」である。

　そして、SNSにセルフィ（自撮り）や現地で自分が撮った写真が投稿されるように、イベントと並んで重視されるのは、そのイベントを「自分が体験した」という事実である。つまり、SNS時代の日常は、「あるイベントを体験した」という形をとることになる（「スマホの中の私の日常vol.2 谷川嘉浩『祈りの写真を載せるとき』」（Phat PHOTO）。

　先行きが見えず信じるべき指標が見えづらい時代であるがゆえに、若年層を中心に「体験

志向」が広がっていると、マーケッターの天野彬《あきら》は指摘した（『新世代のビジネスはスマホの中から生まれる──ショートムービー時代のSNSマーケティング』世界文化社）。自分が身体で実感したことは、明快で作為《さくい》がなく、信じるに値すると考えられるからだ。

時代は不透明でも、体験は透明だ。理論や理想、先例ではなく、実感や感情を伴う強度を持った「体験」だけが信じられる（拙論「消費者が求める『体験』の再編集　ネタバレを避ける人と求める人」『中央公論』二〇二二年八月号）。それゆえ、現代人は体験に日常の「リアル」の源泉を求めている。なるほど、体験ほど明瞭《めいりょう》に感じられるものもない。だが、体験それ自体は見たり触ったり測ったりできないし、その場限りで持続しないのだから、この地盤はさほど堅固ではない。

体験の不確かさを補完するうえで、SNSが重要な役割を果たしている。自分の参加したイベントやそこでの体験について画像や言葉でシェアすると、自分の投稿を見ている人からのレスポンスを期待できる。「いいね」の分だけ、不確かな体験に確からしさを確信することができるのだ。肯定でも非難でも関係ない。周囲からの注目を量的に浴びている間は、体験の価値を信じていられる。

ここには、日常のリアリティをめぐる現代人の捻《ねじ》れが色濃く表れている。見通しがたい時代にあって、イベントの体験こそがリアリティを感じさせる。しかし、その実感は長続きしない。だから、「自分があるイベントを体験した」とＳＮＳでシェアし、他者から承認を受けることで安心しようとする。現代人は、〈自分が〉イベントで体験したことを何より信じるにもかかわらず、その体験を〈他者に〉見せなければ、その価値に自信が持てないのである。体験のリアルさの基盤が、個人でなくソーシャルな場に求められている。

ＳＮＳでの一瞬の承認に依存してしまう

ＳＮＳによる価値の確信は、どの程度盤石《ばんじゃく》なのだろうか。アテンションエコノミーの基本原則は、「より多くの注目がより高い価値を表す」である。つまり、他人より反響が少ないなら、自分がシェアした体験の価値は劣っていると感じられやすい。しかも、ＳＮＳで目立つのは、自分の投稿よりはるかに多くの反響を集めた投稿である。

一定の反響があればシェアした内容の価値に一時的な確信は得られるが、バズった投稿と比べて、自分の投稿は価値が薄いと感じかねない。ＳＮＳは、こうした心理へと構造的に人を追い込んでいる。このように、メンタルヘルスの悪化とＳＮＳの関係を指摘する研究は多い（拙著『スマホ時代の哲学――失われた孤独をめぐる冒険』ディスカヴァー・トゥエンティワン）。

ウェブサービスの多くが、コメントや投稿が流れ去る「フロー」型であることが、承認のはかなさに拍車をかけている。ほとんどの投稿は、一瞬の認知しか得られない。そうした瞬間的に流れ去るカジュアルな承認だけに基づいて、自分が日常で実感したことの価値を信じ続けることは難しい。だから、SNSでシェアした体験の価値はすぐに見えなくなってしまう。

コンカフェ（コンセプトカフェ）店員や地下アイドル、V-TuberやYouTuberなどへの「推し活」を思い出すといいかもしれない。コラボカフェに行き、コラボグッズを買い、スパチャ（課金コメント）を投げ、イベントに行き、雑誌掲載をチェックし、推しと同じものを食べるというイベントは、それぞれ一瞬で終わってしまう。だから、その体験をSNSでシェアし、そのリアリティを下支えしようとする。それによって体験の価値を確信できるからだ。

しかし、SNSは体験の価値を持続させるものではない。SNSの推し活仲間は、体験の価値を承認し合う存在であると同時に、自分の確信を揺るがしかねない存在だからだ。仲間の推す熱量や反響に触れていると、自分が投稿した内容への確信も揺らぎ、「これでは足りない」と感じるかもしれない。そういうファンは、より多くのイベントを求めて一層の推し活に勤《いそ》しむだろう。この競争には際限がない。

私たちの暮らしが、可視的な場所に「シェア」されることを中心に編成され始める状況を念頭に置いて、心理学者のシェリー・タークルは、"I share, therefore I am."と言ったことがある。私はシェアする、ゆえに私は存在する。まるでSNS依存のデカルトだが、このフレーズには、スマホ時代の日常世界のあり方がよく表れている。イベントがないと日常をリアルに感じられないし、その日々の価値は他人からリアクションをもらえないと確信できない。その確信を持続的とは言えない。

SNSは毒にも薬にもなるだろうが、薬としてだけ都合よく使うことはできない。SNSを使えば、体験の価値をアピールし合う承認の闘争に、半ば自動的に巻き込まれるからだ。SNSで体験の価値を保障しようと苦闘するうち、ひいては、自分という存在の価値に疑いが向いてしまう若者も少なくない。実感こそ信じるに値するという「体験志向」は、ここで呪いのように効いてくる。「自分は無価値だ」と感じてしまえば、その実感から逃れることも難しいのだ。

イベントの有無で日常が把握される

イベント体験をシェアすることで、自分の存在を少しだけ確からしく感じられる。その実感が続く間だけ、自分の存在を感じられるが、その輝きは一瞬なので、一つ片づけばまた次のイベントを求めるというループが生まれる。私はシェアする、ゆえに私は存在する。つまり、私たちの日常は、シェアしやすい出来事（イベント）を軸に編成される。

学習塾に勤めていた頃、高校生としばしば話す機会があった。空き時間に学生たちと雑談するようにしていたのだが、こちらの話題は面白がって聞くくせに、こちらが近況について質問しても、学生たちは「最近別に何もなかった」「語るべきものをもたない」という趣旨《しゅし》のことを毎週のように口にしていた。日常のリアリティが、イベント単位（SNS投稿単位）になっていることを痛感させられた。

くだらないことでも、いつもどおりのことでも、他人が面白がる保証がなくても、好きに語って構わないのが雑談のはずなのだが、SNSでリアクションを得られそうなタイプの出来事がない場合には、自分の日常全体が語るまでもないものになっていたのである。

彼らの日々には、イベントと呼びうるような明確に華々しい出来事はなかった。いや、誰の日常だって代わり映えしないものだ。しかし、日常世界の細部に目を凝《こ》らせば、明確なオチがついたり、明らかに目立ったりしたことではなくとも、味わい深い話題が見つかるはずだ。たとえば、本の貸し借りをしたのをきっかけに、翌日その友達と会うときの「おはよう」のトーンが少し変わった気がするという話題はSNSでバズらないかもしれないが、それも日常の重要な断片だろう。

それにもかかわらず、ＳＮＳにシェアしたらリアクションをもらえるタイプの話題以外は、視界から弾《はじ》かれている。シェアしやすい華々しい日常を通してしか、日々の出来事や人間関係を捉えられなくなっている。『古見さん』を検討してきたのは、この作品を模倣するかのように、私たちの日常が深くまでプロム化しているということだ。

プロム化した日常系作品

『古見さん』と同様に、イベント単位で日常を描き、常時プロムが行なわれているような作品は、ここ最近非常に多い。私たちが我知らず反復し、プロム化した日常の実質的な「原作」としている作品がいかに多いかということを感じてもらうために、相当数の作品を挙げることにしよう。

死後にハロウィンの渋谷に転生した諸葛亮《しょかつりょう》が魅力的なシンガーを支えるプロデューサーとなる、漫画の『パリピ孔明』（講談社）は、古見と長名に重なる人物配置からもわかる通り、アテンションエコノミーに最適化したイベント的日常の「原作」の一つだ。

有名どころでは、累計発行部数三〇〇〇万部以上でアニメ化もされた、遠藤達哉の『ＳＰ

Y×FAMILY』(集英社)もそうだ。冷戦下の東ベルリン風の都市を舞台に、互いに秘密を抱えながらも絆《きずな》を育《はぐく》む家族を描くコメディである。スパイたる主人公が、秘密ゆえに生じる行き違いや齟齬《そご》を解消しながら、ミッションを少しずつ達成することで物語は進んでいく。コメディ的なトラブルを解決し、任務をやり遂げることで、物語や人間関係が進展していくのは、イベント単位で描かれた『古見さん』と同じ構造だ。

見かけ上は全然違っているが、『Dr.STONE』(集英社)、『姫様〝拷問〟の時間です』(集英社)、『見える子ちゃん』(KADOKAWA)、『かぐや様は告らせたい』(集英社)なども、同じくイベント単位で物事が進むため、プロム化した日常系の構造を備えている。

ほかに、ゲームのクエスト(依頼)を主軸に回っていく物語も、プロム化した日常系に属している。たとえば、オンラインゲームを舞台とする『シャングリラ・フロンティア』(講談社)は、クエストやミッションを一区切りとして物語が進んでいく。クエストやミッションなどのゲーム的な意匠《いしょう》を用い、わかりやすく体験のピークや特別な機会が用意された作品は、おそらくほぼすべて該当する。つまり、「追放もの」「悪役令嬢もの」「聖女もの」などと無数のサブジャンルをもつ異世界系ウェブ小説を原作とする膨大なコンテンツ群もそうだ(拙論「異世界系ウェブ小説と『透明な言葉』の時代」『中央公論』二〇二二年二月号を参照)。

以上のように、短いサイクルでイベントを遂行するドタバタ劇を、何度も繰り返すような構造を持った作品は非常に多い。他人からのリアクションを得られそうな楽しそうでキラキラした「プロム」的体験を繰り返し描いているという意味で、これらの作品は（たとえSNSが登場しなくとも）SNS時代の日常感覚をよく表わしている。

エピソード――些細な日常の断片

しかし、日常は「プロム」だけでできているわけではない。YouTuberも企画ばかりして生活しているわけではないように。『古見さん』の物語も、大体において「プロム化した日常系」として進んでいくのだが、個人的な日常の断片が、合間に差し挟まれている。

ハイテンションなイベントの隙間《すきま》を縫《ぬ》うように、古見硝子と只野仁人の二人をはじめとして、恋愛や友情などの細やかな関係性を育む、イベントにはならない――SNSにシェアしたところでなんてこともない――時間が描かれているのだ。

哲学者の鶴見俊輔《つるみしゅんすけ》は、いろいろな人の日常の過ごし方を読み解くに値する細部をもつものと捉え、それを「エピソード」と呼んだ。そもそも鶴見の哲学は「エピソード」を通じて展開されたのだ（拙著『鶴見俊輔の言葉と倫理――想像力、大衆文化、プラグマティズム』人文書院)。この言葉を借りて、プロムめいた祝祭を通じた日常の把握と対比されるものを「エピソード」と呼んでみたい。

エピソードの一例を挙げよう。


その(=『回想の人びと』)なかに出てくる安田武(評論家)というのは、飯を食うときは一生懸命食うんですよ。そしてその間、決して他人の悪口をいわない。食事中に人の悪口をいうなんて軽蔑すべきことなんです。あれはやっぱり戦争中の体験なんだね。

(鶴見俊輔・重松清『ぼくはこう生きている 君はどうか』潮出版社)


あまりに些細なことなので、SNSに書くほどのことではないだろうし、投稿したとしてもバズることもないだろう。しかし、しばらく眺めていると、このエピソードについてもっと考えたくなるような不思議な奥行きを感じるかもしれない。

エピソードを特徴づけるのは、釈然としないし、把握するのに時間がかかる、他人からするとどうでもいいような日常の断片や細部への注目である。それに対して、イベントはパッと見てわかるし、モヤモヤも疑問も生まれない。『古見さん』の次に鶴見俊輔を取り上げるることで見えてくるのは、ＳＮＳに投稿しやすいイベントだけでなく、読み込むべき細部のあるエピソードをもつことの重要性である。

こうしたエピソード的感覚を備えた漫画作品もある。自分は異性愛者ではないと感じている高校生が、親友に投げかけられた恋愛面でのからかいを飲み込む（ヤマシタトモコ『違国日記』祥伝社）。高校時代の昼休み、友人が部活の新入生勧誘としてコンコースで歌っていたことがある（『違国日記』）。たんなる体調不良だと思っていたものが子宮筋腫《しきゅうきんしゅ》だとわかった四十代の女性が、医師から子宮の全摘《ぜんてき》手術を勧《すす》められ、妊娠予定もないため問題はないと医師に答えながらも、大きな変化や衝撃を前にうまく取り乱せないでいる（雁《かり》須磨子『あした死ぬには、』太田出版）。二人の生き方やもっている価値観があまりに違うので、仲良く日々を過ごしたい気持ちはありながらも、すぐに折り合いをつけきれなくて思わず衝突してしまう（クール教信者『小林さんちのメイドラゴン』双葉社）。

もちろん、漫画だけではない。社会学者の岸政彦が主導する『東京の生活史』『大阪の生活史』（ともに筑摩書房）『沖縄の生活史』（みすず書房）という一連のシリーズは、それぞれ一〇〇名以上の人の人生の語りを一部だけ切り取って抜粋し、収録した本だ。それぞれの語られることは、バズるような演出からほど遠いという意味で「エピソード」と呼ぶほかかない。語る人の生活や日常の一部を、ゴロッと見せられるような心地がする。眺めていたくなる細部はあるが、ＳＮＳで使えるような呼び物や見世物にはならない。

こうしたエピソード、つまり、ＳＮＳに投稿することには向かない日常の断片は確かに私たちの生活に存在している。鶴見の「エピソード」という言葉で私が論じようとしたのは、人びとの注目を集めうるインターネットという可視的な場所に現れにくい、現代社会では見逃されやすいタイプの体験のことだ。

猫をなでる手に毛がくっついて、まるで雪だと思う。帰り道に他愛ない話をする。友達の絵にこっそり感動する。アテンションエコノミーでは見過ごされがちだが、生活の本分は、そういった他人とシェアしづらくバズらないエピソードの方にあるのではないか。"I don't share, therefore I am." 少なくとも『古見さん』は、些細な日常の断面を描くことを怠っていない。

エピソードは、スポットライトの当たる公的領域のそばにある暗がり、つまり私的領域のなかで生成する。『古見さん』は、祝祭に取り巻かれた現代的な日常のまばゆいリアリティを描きながら、その隙間に一瞬立ち上がる陰影あるエピソードを差し挟むことで、私たちがその両方から距離をとることができないということを語ろうとしている。

第十六章 地域間格差と若者の希望

轡田竜蔵

くつわだ・りゅうぞう　同志社大学社会学部准教授。一九七一年生まれ。東京大学大学院人文社会系研究科博士課程（専門分野・社会学）、日本学術振興会特別研究員、吉備国際大学社会科学部准教授を経て、現職。著書に『地方暮らしの幸福と若者』（勁草書房）、『場所から問う若者文化』（共編著、晃洋書房）などがある。

東京に憧れない若者たち

地方に暮らす若者のほとんどは、東京という「街」には憧れていない。

筆者はここ十数年、全国各地で、地方暮らしの若者を対象に計量調査やインタビュー調査を継続しているが、とくに、二十代から三十代に焦点を合わせてみると、東京に「住みたい」とか「憧れがある」と考えている者の比率は二割にも満たない。東京は遠足のようにたまに出かけるだけで十分で、住む場所ではないと思っているのがマジョリティである。イオンモールで「シブヤもハラジュクもうらやましくない」というポスターが貼られていたのは二〇〇四年。それから二十年が経ち、そんな気負いもなくなり、大型商業施設ばかりになった渋谷や原宿に最先端のイメージを抱く若者は滅多にいなくなった。

拙編著『場所から問う若者文化——ポストアーバン化時代の若者論』（晃洋書房、二〇二一年）では、近年の若者の文化やその価値観について、東京と地方の差が見出しにくくなっているという社会調査の結果に注目し、この現象について考察した。同書では、その背景要因として、以下の三点が重要であると指摘した。

第一に、「街」に集まることよりも、ウェブ上での日常的なコミュニケーションが相対的に重要になったこと。第二に、東京に行かなくても、大型ショッピングモールや全国チェーン店の立地が進み、大衆消費社会的な意味でのフラット化が進んだこと。そして、第三に、地域移動経験のある若者、モビリティ（可動性）の高い若者が増え、居住地域の違いがあまり問題にならなくなってきたことである。これが、筆者が「ポストアーバン化」とよぶ現象である。若者たちの大半は、ある程度の生活インフラが整っていれば、ネット上であるいは地域のどこかで友人や恋人と「つながる」ことができるだけで十分であり、大勢の人や物があふれる大都市に住む必要があると考えていない。

だが、もちろん東京と地方との間には、雇用や教育機会など、格差の構造は揺るぎなく存在しており、それが地方出身の若者の選択肢を大きく制約している点も見逃せない。それは、東京一極集中の人口の流れを見れば明らかである。地方創生政策が進められて十年近くにもなるというのに、地方暮らしの若者はその人口比率を減らし続けている。東京の都心部が富裕層の割合を増やす一方で、地方の社会経済水準は徐々に低下している。

東京に憧れない若者が増えている一方で、地方暮らしの若者は減り続けている。この一見すると矛盾するような現象をどのように理解すればよいだろうか。地方暮らしの若者は、地域間格差の構造に向き合いながら、日々の暮らしや人生のなかにどのような希望を見出しうるのか。以下、近年の地方暮らしの若者を対象にした社会調査データから考えてみたい。

地方の大都市／地方のまち／地方のいなか

筆者は、「東京圏」と「地方」の格差の現状を理解するにあたり、①「地方の大都市」（京阪神圏と名古屋圏）、②「地方のまち」（三〇万人以上、もしくは二〇万人以上の都市雇用圏＝地方中枢拠点都市圏）、③「地方のいなか」（条件不利地域圏）の三層に分ける方法が有効であると考えている。都道府県や市区町村別の比較よりも、解像度は間違いなく上がる。

ここでいう都市雇用圏とは、国勢調査の市区町村ごとに通勤先となる自治体の比率を分析して操作的に定義される地域設定であり、ほぼ平日生活圏に等しいスケールが基本単位となる（金本良嗣と徳岡一幸が考案した概念）。たとえば、大阪都市圏というと、大阪市に通勤する人口が一定以上いる範囲ということで、大阪府内にとどまらず、兵庫、京都、奈良、和歌山の一部自治体にまで広がる。都道府県や市区町村で比較するよりも、このスケール単位で考えるほうが、自宅のある自治体にとどまらず、複数の自治体に跨《また》がっている若者の日常的な生活のあり方に近いものになる。また、同じ都道府県内のなかでの地域特性の違いについても、平日の移動の範囲をベースにすることで、よりリアルな捉え方ができる。

直近の国勢調査で集計してみると、全国の若者の人口（二十～三十代）のうち、東京圏は約三分の一で、「地方の大都市」を含めれば、三大都市圏で約半数を占める。また、「地方のまち」（地方中枢拠点都市圏）は都市雇用圏の人口三〇万人以上に限ると東京圏と同じくらいで、二〇万人台の都市雇用圏も含めれば、最も多数を占める。一方、「地方のいなか」（条件不利地域圏）に住む若者は、一割強程度である。

地域間格差の問題は、同じ都道府県であっても、「地方の大都市」と「地方のまち」、そして「地方のいなか」とでは位相が異なり、これを分析的に区別した議論が必要である。

表１　国勢調査データなどからみる地域間格差

	20—30代人口増加率（カッコ内は女性、国勢調査2015⇒2020）	20—30代人口全国比（カッコ内は女性、国勢調査2020）	5万㎡以上の大型商業施設の立地	有力大学の立地数	大企業本社の立地数	20—30代大卒・短大卒比率（カッコ内は女性、国勢調査2020）	専門・技術職の比率（20—30代、国勢調査2020）	生産工程従事者の比率（20—30代、国勢調査2020）
東京圏	96.3%（97.2%）	32.1%（32.1%）	◎	◎	◎	71.4%（73.7%）	26.9%	7.9%
京阪神圏	92.3%（92.2%）	13.8%（14.3%）	◎	◎	○	65.1%（68.8%）	23.6%	12.1%
名古屋圏	93.7%（93.6%）	5.7%（5.6%）	◎	◎	○	61.3%（64.4%）	21.6%	20.3%
地方中枢拠点都市圏（30万人以上）	90.2%（89.7%）	32.1%（32.2%）	○	○	×	58.4%（59.6%）	20.9%	16.8%
地方中枢拠点都市圏（20万人台）	88.6%（87.4%）	4.3%（4.2%）	△	△	×	47.6%（51.9%）	18.3%	21.8%
条件不利地域圏	86.6%（85.5%）	11.9%（11.6%）	×	×	×	45.3%（48.9%）	17.3%	21.5%

「地方の大都市」については、「有力大学」（三〇〇〇人以上の学生が在籍する大学、もしくは二〇〇〇人以上が在籍する文系・理系の両学部がある総合大学）がエリア内に多数あり、十八歳の高卒時点で転入超となり、この点では、東京圏との格差は無い。問題なのは、これだけ大学生を抱えながら、東京と比べて、大卒の就職先となるような大企業本社の立地が圧倒的に少ない点である。とくに京阪神圏は、二十代半ばの大卒者の人口流出比率が著しい。一方、製造業が強い名古屋圏については、東京圏・京阪神圏に比べ、生産工程に従事する非大卒者をひきつける力は強いが、大卒者に多い専門・技術職、事務職の割合については、東

京圏や関西圏より少ないという点では「地方のまち」とあまり変わりはない。

次に、「地方のまち」（三〇万人以上の都市雇用圏）は、人口減少によって衰退した中心市街地も目立つが、ほぼ全ての都市雇用圏において五万㎡以上の大型商業施設も立地しており、暮らしの利便性という観点では三大都市圏に劣らない。また、国立大学を中心に、少ないながらも有力大学が立地しており、大学・短大進学にあたっての地元残留率は上昇傾向にある。高卒就職者の多くは、地元近くに残る場合が多く、少子化による人手不足の問題こそあれ、大量に流出しているというわけではない。問題なのは大卒人材が他地域に流出傾向が強いことで、二十〜三十代の人口は、二〇二〇年までの五年間で九・八％も減少している。これは、「地方の大都市」と比べて銘柄大学の選択肢が少ないこと、そして大企業での就職機会が限られているという構造的な原因に規定されている。

これに対して、二〇万人以上の拠点都市圏の外側にある「地方のいなか」は、若者にとっての条件不利性がより明白である。第一に、通える範囲に有力大学が立地するケースがほぼ皆無であり、大学進学＝即実家を離れるということになる点である。第二に、通える範囲に上場企業の立地もほぼなく、特に大卒者の就職先の選択肢は非常に限定的だという点である。「地方のいなか」では、京阪神圏などとは対照的に、二十代半ばに大卒Ｕターンを中心とした社会増が見られる自治体も多いが、特に大卒者が希望する専門・技術職や事務職の割合が低い。二十～三十代の学歴構成としても、三〇万人以上の都市雇用圏の圏外にある自治体では、非大卒のほうが大卒よりも多い場合も少なくない。

地域間格差はどう認識されているのか？

このような地域間格差の構造は、とても鮮明な形で、地域の環境に対する主観的評価に影を落としている。この点について、筆者が関わったいくつかの計量調査の結果を紹介したい。

二〇二一年十月、筆者も参加している「高校問題研究会」（尾嶋史章代表）は、全国の高校三年生の親を対象にして、子どもの教育に対する意識についてのウェブモニター調査を行なった。筆者は、そのデータ分析にあたって、先述のように都市雇用圏を単位とし、そのなかにある「有力大学」（先述の定義）の本部の立地数によって三つのレベル（五以上の集積地域、一～四のある程度存在する地域、立地数〇の不在地域）に分けて、それが高校三年生の親の教育意識や子どもの進学の選択とどのように結びつくのかを分析した。ここでいう集積地域は三大都市圏と完全に一致する。これに対して、「地方のまち」は、大半が立地数一～四のあ

図1 高校3年生の親の意識／地域特性

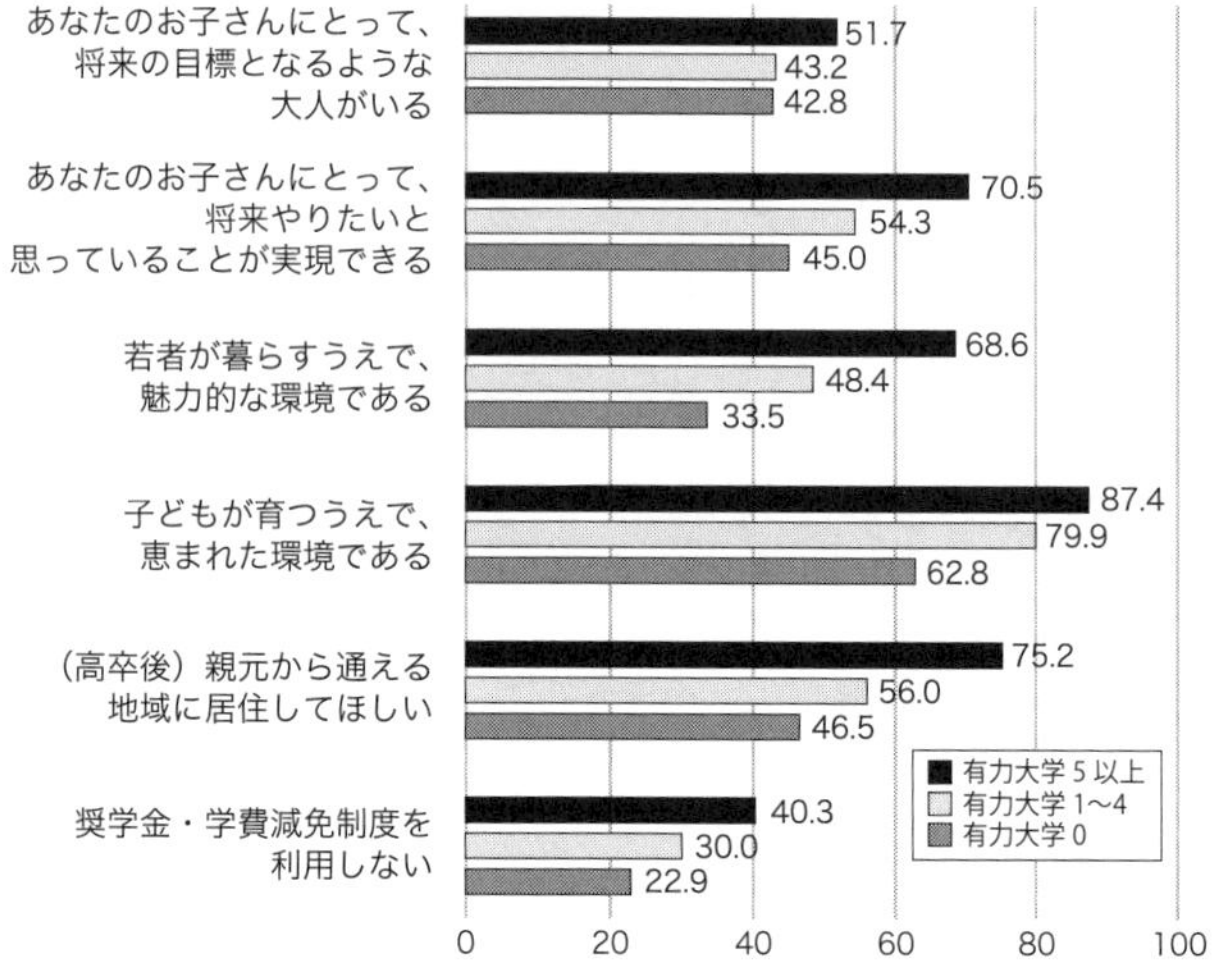

出所：「高校３年生の親調査」（2021、高校問題研究会による調査）

る程度存在する地域だが、人口二〇万人台の都市雇用圏になると不在地域も多い。また、「地方のいなか＝条件不利地域」はほぼ全ての自治体が有力大学不在地域である。

図1を見ると、この三つのレベルの違いが認識の違いとしてはっきりした形で出ている。実家から通えるところに進学先や就職先が不在であると、仮に地元に愛着があっても、親元を離れざるをえない。親元を離れて一人暮らしをするとなると、そのコストは大きい。有力大学不在地域は進学にあたって「奨学金や学費免減」の制度を利用する者の比率が高いが、それは地域移

動のコストが余計にかかることに関係している。また、有力大学不在地域は、四年制大学の志望者の比率が低いが、その理由は経済的要因だけではなく、有力大学のある地域から遠く、進学にあたっての心理的なコストが大きいことが重要である。

そして、有力大学不在地域の高校三年生の親の多数は、居住地域について非常に低い評価をしていて、子どもが地元で暮らす将来をあまりイメージしていない。「あなたのお子さんにとって、将来やりたいと思っていることが実現できる」、「あなたのお子さんにとって、将来の目標となる大人がいる」といった項目のいずれについても、他の地域よりもネガティブな評価がなされている。親の経済状況と価値観が子どもの進路状況を決定する「ペアレントクラシー」の時代にあって、こうした親の価値観がその子どもである若者たちの人生選択に与える影響は大きなものだと想定できる。

移動する若者は、地域間格差をカバーできる

このように教育や雇用面については、地方圏と三大都市圏の間の落差は大きく、そのことが広く認識されている。その一方、先述のようにポストアーバン化が進んでいる現状のなか、若者の都市インフラに対する満足度についていえば、「地方のまち」（三〇万人以上の都

図2　総合的に見て、現在住んでいる地域の現状に満足している

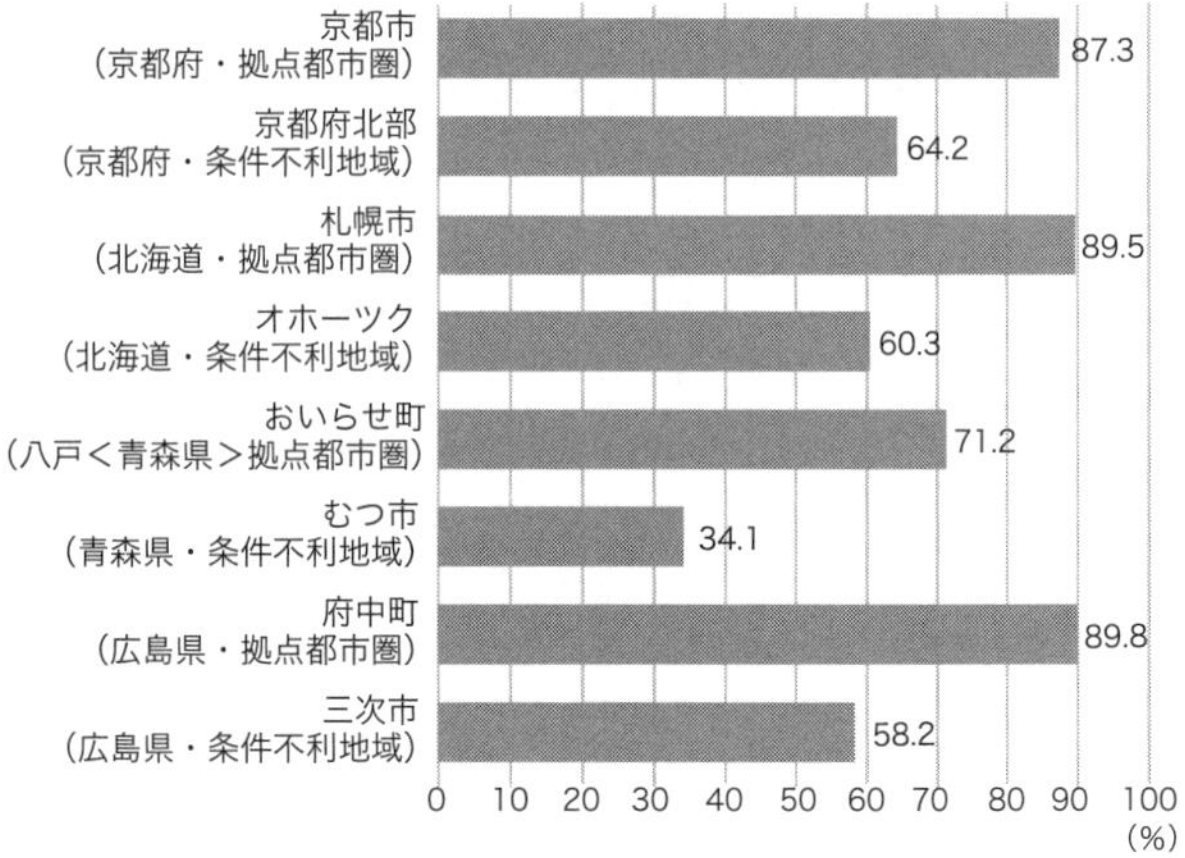

出所：「広島20-30代調査」（2014、拙著『地方暮らしの幸福と若者』）、「青森20-30代調査」（2018、トランスローカリティ研究会）、「北海道・京都府20-30代調査」（2020、トランスローカリティ研究会）

市雇用圏の圏内）の満足度は十分に高い。

図2は、筆者が関わった条件不利地域圏（「地方のいなか」）とその同一道府県内にある拠点都市圏（「地方のまち」「地方の大都市」）の二十〜三十代を比較した、質問紙調査のデータ（二〇一四〜二〇二〇年に実施、郵送調査）である。筆者の定義する「地方のまち」では、大半の者は地域の現状に十分なレベルの満足をしており、この傾向は全国的なものである。

ところが、「地方のいなか」については、同じ県内であっても、地域満足度が「地方のまち」に比べて大幅に低い。そして、この結果は、世帯年収や学歴など、他の変数の影響を排除しても変化しない。調査結果を分析したところ、都市インフラへのアクセスを中心とした「利便性」との関連が最も大きいことは明白である。身も蓋もない話をすれば、マジョリティにとっての地域満足度は、街の魅力、行政施策などによって決まるものではなく、平日にイオンモールのような大型商業施設にアクセスできる場所か否かという要素で、ほとんど説明できてしまうのである。

ただし、自分の生活圏である地域が不便だと思っているからといって、そこに暮らす「地方のいなか」の若者が絶望しているという捉え方は正しくない。不便であることは確かに地域満足度を下げる強い要因になるのだが、自然が豊かで、子どもがのびのびと育ついなかのライフスタイルは悪くないと思っている者も少なくない。また、同じ調査では、地域満足度とは別に「現在の生活に満足している」か否か、「自分は幸せである」か否か、「自分の将来に明るい希望を持っている」か否かについても尋ねている。注目すべきは、これらの点に関しては、地方の「大都市」あるいは「まち」と「いなか」との間に有意な差が見られないことである（次のページ図3）。

「地方のいなか」の若者は、地理的な条件不利性に関する課題があることを認識しているのに、なぜ生活満足度や自己評価についてはネガティブではないのか。この問題を考える

図3　総合的に見て、今の生活に満足している

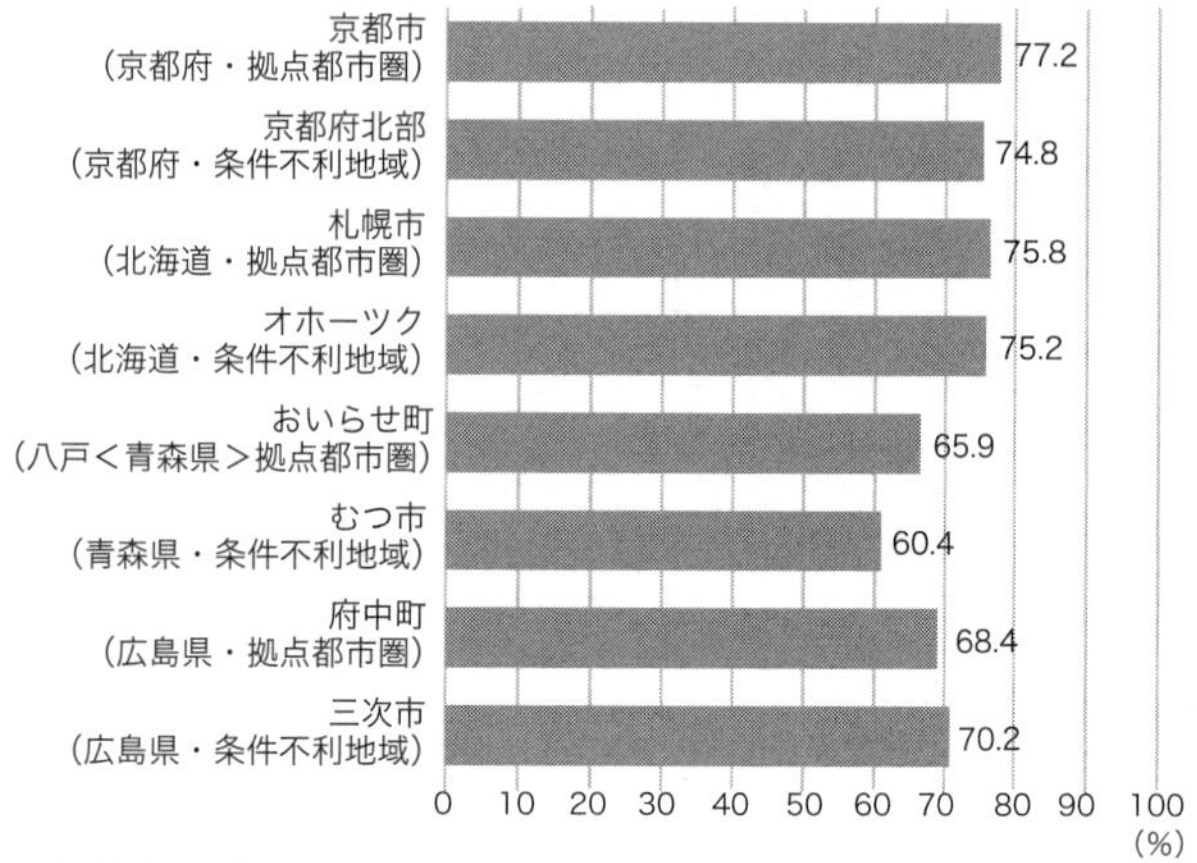

出所：「広島20-30代調査」（2014、拙著『地方暮らしの幸福と若者』）、「青森20-30代調査」（2018、トランスローカリティ研究会）、「北海道・京都府20-30代調査」（2020、トランスローカリティ研究会）

には、生活満足度の規定要因を分析してみる必要がある。

一般的に言って、若者の生活満足度調査では、どのような地域でも、学歴が高く、世帯年収が高く、地域活動に参加している人は生活に対する現状評価、あるいは自己肯定感が高い。これに加えて、筆者の調査では、「地方のいなか」については、居住歴で説明される部分が大きいという点が明らかになっている。すなわち、地元を一度も離れたことのない者は非常にネガティブであるのに比較して、一定期間地元を離れて生活したことのあるUターン、あるいは地域にとって「よそ者」である転入者は明らかにポジティブである。二〇二三年七月、筆者らが京丹後市（近畿地方の最北端の「地方のいなか」）の若者を対象に行った調査において、「生活満足度」は、「ずっと市内」の人が五一・二％にとどまるのに対して、「Uターン」が六九・三％、「転入者」が七五・〇％と高い。

なぜこのような結果になるのだろうか。その背景として重要なのは、モビリティの格差である。同じ調査において、「丹後地域を出て、遠方に出かけることがよくある（月に数日程度以上）」という者は、「ずっと市内」の人が五一・二％にとどまるのに対して、「Uターン」が六八・七％、「転入者」は七〇・八％と比率が高い。また、このモビリティの高さと関係して、Uターンあるいは転入者は「親しい関係の友人が十分いる」者、「新しい友人と出会う機会がよくある」という者の比率も高く、ずっと地元を離れたことがない者とは対照的である。

つまり、「地方のいなか」の若者の多数を占めるUターンや転入者は、現在の居住地域以外に暮らした経験があることから、他地域とのつながりを維持しており、日常的にも広範囲に移動することによって、居住地域内における選択肢の少なさをカバーしているのである。

逆に言うと、そのように外の地域とのつながりを大事にして、暮らしや人生の選択肢を広げることこそが、「地方のいなか」の若者が楽しく生きる必要条件なのである。十年代初頭に、半径五キロメートル以外に関心のない「マイルドヤンキー」の幸福に注目が集まったことがあったが、これらの結果は、地元を離れたことのない者はむしろネガティブな自己認識を持っていることを示している。

「地方のいなか」の新たな希望の語り方

地域外とつながるモビリティは、「地方のいなか」の若者に新しい希望の語り方を与えている。特に、コロナ禍後に進んだテレワークやビデオチャットの普及の影響は大きい。私が関わっているフィールドのなかから、実例を一つ紹介したい。

京都府京丹後市では、市内の三つの県立高校に探究授業の支援を主な業務とする地域コーディネーターとして、それぞれに地域おこし協力隊員の若者が採用されている。これらの各高校の地域コーディネーターと連携しつつ運営されているのが、二〇二〇年十月にオープンした「京丹後市未来チャレンジ交流センター（愛称：ｒｏｏｔｓ）」という「高校生の居場所」である。そして、ここを支えているのは、行政から委託された「まちの人事企画室」に所属する二十～三十代の相談員である。

ｒｏｏｔｓの中に入ると、地元の高校生の「やりたいこと」が書かれた付箋紙《ふせんし》が壁一面を埋め尽くしている。たとえば、「デザイナーになりたい」という高校生がいたとしたら、相談員がその思いに寄り添って、何ができるかを一緒になって考える。地元のデザイナーに声をかけて出会わせることもあるし、場合によっては東京で活躍するデザイナーの知り合いとZoomでつなぎ、高校生に直接アドバイスしたり、一緒に何かをデザインするワークショップを開いたりする。どうして相談員たちがそのようなことができるかというと、相談員たち自身が、関西の都市部の大学を出て、東京や京都で働いた経験があり、地域内の移住者から、都市部の専門人材まで、それこそ地域を超えたクリエイティブ人材を結びつけるコミュニティのなかで生きているからである。

京丹後市からは、通える範囲では有力大学も、上場企業も一つもない。そのため、高校生の約八割が卒業とともに実家を離れ、そのまま戻ってこない者も少なくない。だが、高校生のうちに自分のロールモデルとなりうる大人とつながりを作っておけば、地元を離れてもいつか地元に戻るきっかけになるかもしれない。一方、高校生が地域外の専門家とビデオチャットを通してリアルタイムでつながることで、「いなか」に拠点を置きながら広い世界とつながる感覚を得ることができる。ｒｏｏｔｓのようなリアルとバーチャルの関係性を紡ぎ出すハイブリッドな空間が、地元の高校生の世界が広げ、さらに地元を離れた若者たちをも結びつけるハブとなるならば、それは一つの希望であろう。

もちろん、こうした希望は、「地方のいなか」の地域社会全体を俯瞰すれば、薄皮饅頭《うすかわまんじゅう》の皮のようなもので、その影響力は現状では限定的である。しかし、このようにいなかに拠点を置きながら世界に開かれようとするモビリティの高い若者たちが、さらに地域の多くの若者を巻き込むクリエイティブな場づくりを広げているのは確かである。その結果として、古い地域社会の公共性が新しく塗り替えられていくのかどうか、注目してみたいところである。

【初出一覧】

第一章	月刊『Voice』2023年12月号
第二章	月刊『Voice』2023年10月号
第三章	月刊『Voice』2022年６月号
第四章	月刊『Voice』2022年５月号
第五章	月刊『Voice』2022年11月号
第六章	月刊『Voice』2022年11月号
第七章	月刊『Voice』2023年８月号
第八章	月刊『Voice』2023年８月号
第九章	月刊『Voice』2023年10月号
第十章	月刊『Voice』2023年10月号
第十一章	月刊『Voice』2023年８月号
第十二章	月刊『Voice』2023年９月号
第十三章	月刊『Voice』2023年８月号
第十四章	月刊『Voice』2023年10月号
第十五章	月刊『Voice』2023年６月号
第十六章	書き下ろし

雑誌掲載後、加筆修正を行なったうえで収録しました。

山田昌弘［やまだ・まさひろ］

中央大学文学部教授。1957年、東京都生まれ。86年、東京大学大学院社会学研究科博士課程単位取得退学。専門は家族社会学。「パラサイト・シングル」「格差社会」「婚活」などの言葉を世に広めたことでも知られる。
著書に『希望格差社会』（筑摩書房）、『新型格差社会』『結婚不要社会』（いずれも朝日新書）、『日本の少子化対策はなぜ失敗したのか？』（光文社新書）など多数。

PHP新書

PHP INTERFACE
https://www.php.co.jp/

「今どきの若者」のリアル

（PHP新書 1374）

二〇二三年十一月二十九日 第一版第一刷
二〇二四年 一 月 十 日 第一版第二刷

編著者――山田昌弘
発行者――永田貴之
発行所――株式会社PHP研究所
東京本部――〒135-8137 江東区豊洲5-6-52
ビジネス・教養出版部 ☎03-3520-9615（編集）
普及部 ☎03-3520-9630（販売）
京都本部――〒601-8411 京都市南区西九条北ノ内町11
組版――アイムデザイン株式会社
装幀者――芦澤泰偉＋明石すみれ
印刷所
製本所――図書印刷株式会社

ISBN978-4-569-85607-0

ＰＨＰ新書刊行にあたって

「繁栄を通じて平和と幸福を」（PEACE and HAPPINESS through PROSPERITY）の願いのもと、ＰＨＰ研究所が創設されて今年で五十周年を迎えます。その歩みは、日本人が先の戦争を乗り越え、並々ならぬ努力を続けて、今日の繁栄を築き上げてきた軌跡に重なります。

しかし、平和で豊かな生活を手にした現在、多くの日本人は、自分が何のために生きているのか、どのように生きていきたいのかを、見失いつつあるように思われます。そして、その間にも、日本国内や世界のみならず地球規模での大きな変化が日々生起し、解決すべき問題となって私たちのもとに押し寄せてきます。

このような時代に人生の確かな価値を見出し、生きる喜びに満ちあふれた社会を実現するために、いま何が求められているのでしょうか。それは、先達が培ってきた知恵を紡ぎ直すこと、その上で自分たち一人一人がおかれた現実と進むべき未来について丹念に考えていくこと以外にはありません。

その営みは、単なる知識に終わらない深い思索へ、そしてよく生きるための哲学への旅でもあります。弊所が創設五十周年を迎えましたのを機に、ＰＨＰ新書を創刊し、この新たな旅を読者と共に歩んでいきたいと思っています。多くの読者の共感と支援を心よりお願いいたします。

一九九六年十月

ＰＨＰ研究所

PHP新書

［社会・教育］

418 女性の品格 坂東眞理子
495 親の品格 坂東眞理子
504 生活保護vsワーキングプア 大山典宏
522 プロ法律家のクレーマー対応術 横山雅文
586 理系バカと文系バカ 竹内 薫［著］／嵯峨野功一［構成］
618 世界一幸福な国デンマークの暮らし方 千葉忠夫
621 コミュニケーション力を引き出す 平田オリザ／蓮行
629 テレビは見てはいけない 苫米地英人
854 女子校力 杉浦由美子
869 若者の取扱説明書 齋藤 孝
888 日本人はいつ日本が好きになったのか 竹田恒泰
987 量子コンピューターが本当にすごい 竹内 薫／丸山篤史［構成］
994 文系の壁 養老孟司
1022 社会を変えたい人のためのソーシャルビジネス入門 駒崎弘樹
1025 人類と地球の大問題 丹羽宇一郎
1032 なぜ疑似科学が社会を動かすのか 石川幹人
1040 世界のエリートなら誰でも知っているお洒落の本質 干場義雅
1059 広島大学は世界トップ100に入れるのか 山下柚実
1073 「やさしさ」過剰社会 榎本博明
1079 超ソロ社会 荒川和久
1087 羽田空港のひみつ 秋本俊二
1093 震災が起きた後で死なないために 野口 健
1106 御社の働き方改革、ここが間違ってます！ 白河桃子
1125 『週刊文春』と『週刊新潮』闘うメディアの全内幕 花田紀凱／門田隆将
1128 男性という孤独な存在 橘木俊詔
1140 「情の力」で勝つ日本 日下公人
1144 未来を読む ジャレド・ダイアモンドほか［著］／大野和基［インタビュー・編］
1146 「都市の正義」が地方を壊す 山下祐介
1149 世界の路地裏を歩いて見つけた「憧れのニッポン」 早坂 隆
1150 いじめを生む教室 荻上チキ
1151 オウム真理教事件とは何だったのか？ 一橋文哉
1154 孤独の達人 諸富祥彦
1161 貧困を救えない国 日本 阿部彩／鈴木大介
1164 ユーチューバーが消滅する未来 岡田斗司夫
1183 本当に頭のいい子を育てる 世界標準の勉強法 茂木健一郎
1190 なぜ共働きも専業もしんどいのか 中野円佳